融资做不好，公司做不大

融资必知 + 股权规划 + 融资制胜

向　明　著

人民邮电出版社
·北京·

图书在版编目（CIP）数据

融资做不好，公司做不大：融资必知+股权规划+融资制胜 / 向明著. -- 北京：人民邮电出版社，2016.12（2018.11重印）
ISBN 978-7-115-43866-9

Ⅰ. ①融… Ⅱ. ①向… Ⅲ. ①公司一企业融资 Ⅳ. ①F276.6

中国版本图书馆CIP数据核字(2016)第250701号

内 容 提 要

创业是时代的潮流，但对于大多数创业者来说，在创业初期面临的一个最严峻的问题就是资金压力。如何在最短的周期内为自己的项目筹集到足够多的资金，怎样寻找最适合自己的融资渠道，怎样防控融资风险，怎样和项目的投资人打交道……都是创业者需要寻找的答案。

本书用通俗易懂的语言、图文并茂的形式，“手把手”地告诉创业者如何融到资，如何利用好这些融资，并结合大量的融资案例进行解读，使读者不仅可以参照学习，同时也通过正反两方面的例子，告诉创业者哪些钱可以融，哪些钱不可以融。本书干货多，理论少，讲解透彻，相信可以为读者带来不一样的收获。

◆ 著　　　　向　明
责任编辑　李士振
责任印制　周昇亮

◆ 人民邮电出版社出版发行　　北京市丰台区成寿寺路11号
邮编 100164　　电子邮件 315@ptpress.com.cn
网址 http://www.ptpress.com.cn
北京虎彩文化传播有限公司印刷

◆ 开本：720×960　1/16
印张：14.5　　　2016年12月第1版
字数：328千字　　　2018年11月北京第8次印刷

定价：49.80元

读者服务热线：(010)81055296　印装质量热线：(010)81055316
反盗版热线：(010)81055315
广告经营许可证：京东工商广登字20170147号

前言

Preface

创业已经成为当今社会最流行的事情，它代表着这个时代最前沿和最具创意的行为模式。互联网的兴起，更是让越来越多的人选择创业。不过对于大多数创业者来说，他们在创业之初都会面临一个共同的难题——资金压力。

正所谓“一分钱难倒英雄汉”，不知有多少创业者在资金匮乏这个难题前一筹莫展。因此，能否在最短的时间内，为自己的项目筹集到足够的资金，决定着创业的成败。随着社会的发展，融资渠道也逐渐丰富，一些具有创新性的互联网金融平台也应运而生。毫无疑问，融资确实是一件很艰难的事情，但让人庆幸的是，这些困难都可以通过能力和技巧来克服。本书着重立足于融资实践，为创业者融资出谋划策，解决现实的融资难题。

本书内容翔实，覆盖面广，对融资流程进行了详细剖析，既涉及融资工具、融资渠道的选择内容，也有关于融资风险的防范和措施等实用知识；既有财务制度这种基础性内容，也有融资演讲稿这种细节性内容；既有与投资人打交道的技巧，也有如何有效融资的策略；既解读了新三板这样的新兴融资平台，也详细讲述了私募股权融资的工作流程。此外，本书还讲述了极具代表性的企业家融资故事，读者可以通过这些故事了解前辈们曾在融资道路上遇到哪些困难，掌握解决这些困难的方法，借鉴他们的经验，少走弯路，以便顺利地筹集到资金。

本书从点到面，深入浅出地对融资问题进行了全面性阐述，并提出相应的解决方案，是一本实用性很强的融资宝典。本书引导创业者在成为创业达人前先成为一位融资高手，用别人的钱圆自己的创业梦想！

与文字相比，图片和表格往往更让人印象深刻。因此书中还搭配了丰富翔实的表格和图片，便于读者理解。在行文上全面抛弃了“假、大、空”的套话，采用通俗易懂的语言，打破人们对融资的距离感。

本书不仅适用于创业者，也适用于企业家、私营业主、公司经理、财务人员以及想了解融资知识的读者。另外，企业管理等相关专业的学生也可以看一看这本书，为将来创业打下基础。

由于时间仓促，且作者水平有限，书中难免有疏漏和不成熟的地方，敬请读者予以批评指正。

目录

Contents

PART 1 入门：融资前先懂点融资常识

PART 2 技巧：掌握融资的必备攻略

PART 3 实战：天使＋渠道，快速制胜

PART 4 用钱：巧妙运用每一笔融资

PART 5 做强：看商界奇才如何玩转融资

PART1

入门：融资前先懂点融资常识

认知决定行动，人们的各种行为都是由其认知结构所决定的，面对同样的事情，不同的人有不同的处理方法和态度，这反映的就是人的认知。融资也是如此，有什么样的融资认知，就有什么样的融资行为，正确的认知才会带来正确的行为，而融资认知中最关键的组成部分就是融资常识。因此了解并懂得融资常识是进行融资的第一步。

1.1 融资思维：生存才是第一要务

创业艰难，要融资创业更是难上加难。对于很多创业者来说，钱不是问题，问题是没钱。缺少资金是创业路上的一只拦路猛虎。很多创业者带着满腔激情真正踏上创业之路时，才会明白“理想很丰满，现实很骨感”这一道理。激情无疑是创业者必不可少的心理状态，但光是有激情还远远不够。

在创业路上，也许钱不是万能的，但没有钱却是万万不能的。任何企业的起步和发展都是需要成本的，如最基本的启动资金和一些必要的开支。企业在创业初期是完全没有产出的，因此这一时期也成为资金单向流出的阶段，这一阶段也是企业最虚弱的时期，一旦供血不足，创业者就有可能“出师未捷身先死”。

如图 1-1 所示，创业类企业的这一成长特点，也决定了融资对这些企业的重要意义。创业者在这一阶段必须想方设法从外部融资，以便企业能够成功度过这段艰难时期。这也正是企业创业融资的必要性，也就是说企业必须通过融资生存下来，才有机会继续发展。如果没有融资为企业前期的投入提供资金，企业后续的发展就无从谈起。

正因为如此，创业者在创业初期就应该以务实的态度看待这一问题，不要等到企业真正出现资金紧张的情况时才想起融资，因为“远水解不了近渴”。

很多比较成熟的创业者会在正式创业之前就开始融资，或者将企业的创立和融资同时进行。原因很简单，企业在创业初期，完全没有造血能力，需要外部输血才能续命。正因为如此，一旦没有获得外部融资，企业即使创立了也很难存活下来。

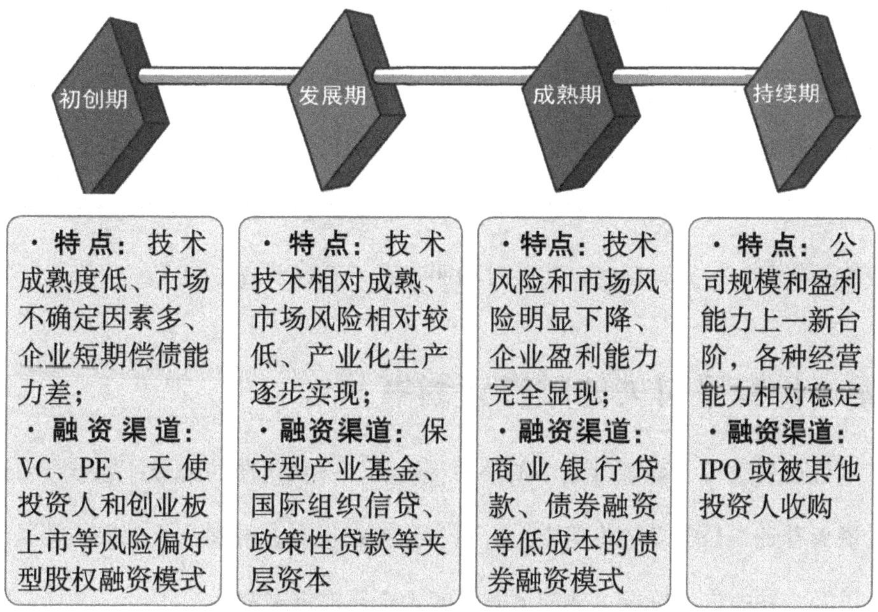

图 1-1　企业发展各阶段的特点及融资渠道

只有了解融资和创业的重要关系，企业才有可能在初期存活下来，然后才可能有今后的发展。如果创业者只是想着未来的广阔前景，而不注重解决摆在眼前的现实问题，创业的理想就很有可能被残酷的事实击得粉碎。

正因为如此，创业者在创业初期就应该为企业获得融资而努力，以便企业在创立之后不会因为“无米下锅”而夭折。

生存才是第一要务，这是创业者在创业初期必须秉持的理念。创业者在创业过程中不能好高骛远，不思考眼前的情况。哪怕企业在未来能成为世界500强，在创业初期它也不过是只“没毛的凤凰”。创业者有时为了融资必须出让企业现在或者未来的一些利益，即使这些利益在创业者看起来远远大于融资价值，但为了获取生存资本，创业者也必须放弃，毕竟这些所谓的价值在当下不过是一个美好的梦。

融资不是做慈善，投资者的投资是以营利为目的的。这也决定了融资并不是一件容易的事情。在企业还只是个雏形的情况下，别人凭什么为你的企业投资呢？所以，创业者要想成功融资，就必须要让投资者看到企业未来发展的无限潜力，只有如此，才能打动那些想“养鸡下蛋”的人。

做一份有吸引力的融资计划书

在融资之前，融资计划书的书写很重要。一份优质的融资计划书会要让投资者看到项目本身的价值潜力，只有让潜在投资者看到企业未来的发展潜力以及良好的市场价值，他们才有可能为企业提供融资。

一份好的融资计划书对企业成功融资起到至关重要的作用，它应该将企业的潜力展现出来。除了展示企业常规的信息外，融资计划书还应该具有很强的营销性质。一份带有鼓动性的计划，才能让投资者产生强烈的投资欲望。比如，撰写者在计划书中可以站在企业自身的角度去帮助投资者展望市场前景。

要做好一份融资计划书，首先就要明白什么样的项目计划书能够打动投资者。在制作融资计划书时，一定要坚持如图1-2所示的原则。

目计划书

计划概要	对融资计划书的高度概括，帮助投资者快速了解企业的融资意图和项目的投资价值，对融资的成败其决定性作用
项目介绍	对项目的具体情况进行介绍，并对企业的资产、研发、生产、营销、内部控制和管理等方面的信息进行展示
市场分析	介绍产品或者服务目前在市场的竞争力和地位，当前的市场形势、未来的市场展望、客户资源等方面的信息
行业分析	介绍企业在行业当中的地位以及该行业在市场当中的发展形势，突出体现企业在行业中的优势
市场营销	介绍企业制定的产品营销方案极其效果，并积极展望企业通过产品的营销战略希望实现的目标以及对风险的应对
企业团队	对企业人才队伍的管理理念、具体方法、团队结构、整个人才队伍和管理人员以及专家团队的基本情况进行介绍
财务分析	对企业未来 5 年的各方面的财务应收状况进行预计，并着重对投资者回收期和投资回报率进行计算
融资需求	介绍企业融资的数额、融资模式以及融资具体的使用计划
投资回报	介绍投资者对投资的回收方法和具体时间以及相应的回报
风险评估	向投资者分析和展示项目在运作过程中可能会遇到的风险以及相应的应对措施
总结	对整个项目融资计划对企业和投资者的意义作结论
附件	对正文当中的内容进行补充和进一步说明，或者放入项目融资计划书相关的数据或者结论引用的资料，供投资者参考，以增强融资计划书的可信度和专业度

图 1-2　融资计划书的内容

第一个就是要有特色。在市场上有太多的创业者需要获得融资，每一个投资人每天都会接到成百上千的融资计划书，如何从众多的计划书中脱颖而出，取决于计划书是否有与众不同的特色。如果计划书写得一板一眼、毫无新意，投资者看了计划书后不能马上提起兴趣，那么这份计划书很可能面临被扔进垃圾桶的命运。

用计划书的标题将潜在投资者吸引住之后，接下来就要对项目进行描述了。当然，创业者在撰写计划书之前，首先自己必须要对创业的项目有十足的信心，并且要将这种信心充分展示在计划书当中，进而影响投资人。

因此，一份优秀的融资计划书应该具有：聚焦产品、充分展现企业的竞争意识、市场调研充分、完整翔实的数据资料、充分展现企业的方针、创业团队优秀、财务预算精准专业、计划概要扼要等几大特点。

以上是比较典型的融资计划书，详细内容可以根据企业的具体情况（如成立的时间长短和规模的大小）来决定繁简。在进行项目介绍时，首先要做到的就是能将企业和项目介绍清楚。一份脉络清晰、简洁扼要的融资计划书可以将企业的大致情况反映出来，让投资者明白他们将要投资的是个什么样的企业或者项目，这个企业在未来的发展中是否有潜力可挖。计划书的编写切记假、大、空，因为那些专业的投资者都是行家里手，如果计划书中的内容水分太大，很容易被他们一眼看穿。

当然，在展示企业潜力时，最好带有强烈的营销性和鼓动性，要让投资者看得血脉偾张，这也是他们为企业提供融资不可缺少的条件。因此，融资计划书在项目介绍方面可以简明扼要，但是在情绪上要表达到位，一定要尽量覆盖投资者的所有“兴奋点”。如果投资者看完一份计划书之后，疑虑尽消，心痒难耐，他还有不投资的理由吗？

融资能不能成功，除了企业本身的潜力展示之外，创业者必须还要让投资者看到自己对于长期经营企业以及将企业做大做强的信念和决心。有时候，同样的企业，在不同的经营者手中会有不同的面貌。尤其是在初创阶段的企业，创建者就是这家企业的精神领袖，决定着企业的前途和命运。

我国政府在批准成立创业板之后，很多新技术类的研发企业获得上市资格，在创业板挂牌上市，那些上市公司的创始人也借此一夜暴富。一些创业者想到的不是利用融资将企业发展起来，而是将自己的股票变现，套利跑路。这就是一种缺乏信念和决心的表现。

因此，不管是融资计划书的撰写还是在和投资者的各种互动当中，创业者都必须展现这种信念和决心。如果连创业者都没有强大的企图心，又怎么能幻想投资者会为企业投资呢？所以说，在创业融资的时候，“精神面貌”比什么都重要，那才是投资者最看重的闪光点。

1.2 融资成本：天下没有免费的午餐

在经济学原理中，最基本的假设就是个人是理性的、是在付出后希望得到回报的个体，即任何付出都希望获得最大化的利益，原因在于付出都是有成本的。事实上，做任何事都需付出成本，哪怕是享受一顿不用付钱的盛宴，仍需付出一定的成本，比如时间成本，吃饭的这段时间可以用来做其他事情，或许收益更大；比如社会影响成本，不劳而获在人们潜意识里一直是不光荣的，甚至是受歧视的。所以，从经济学角度来说，天下没有免费的午餐。

取得所需物质资源所需付出的经济价值，即经济学上关于成本的通俗概念。企业融资付出成本的根源，在于资金的所有权和使用权是分离的。融资成本实质上是给予资金所有权拥有者一定的报酬，从而获得一定时间内的资金使用权。一般而言，企业进行融资所需付出的成本有融资费用和资金使用费，如图 1–3 所示。

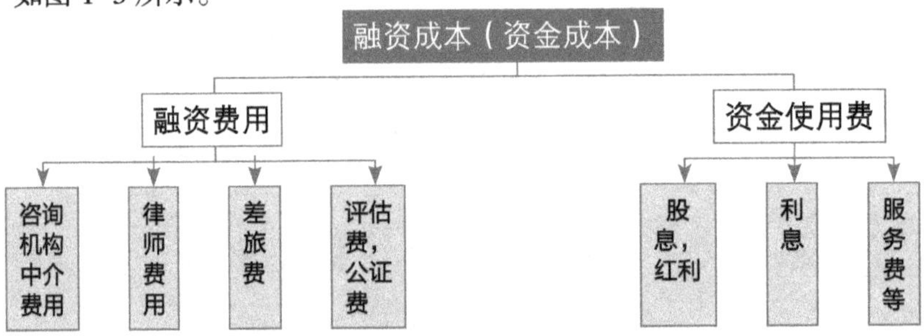

图 1–3　融资成本的组成

融资费用

企业在筹集资金过程中的各种费用，都可以归纳为融资费用。如咨询中介机构所支出的中介费、律师事务所的律师费、差旅费、评估费、公证费等。简单地说，融资费用就是为了获取资金所花费的费用。举个例子来说，假设向银行贷款 100 万元，所花费费用为 8000 元，这 8000 元即融资费用。

资金使用费

资金使用费是指企业使用所融资来的资金而向资金提供者给予的报酬。如通过股票融资需回报股东股息、红利，发行债券需支付债权人利息，借用资产支付的租金，典当融资需支付典当行综合服务费（包括被当物品的保管费、利息、保险费等）。融资渠道不同，资金使用费不同。

需要指出的是，融资费用和资金使用费只是企业融资所需付出的财务成本，即显性成本。上面所讲述的融资成本即资金成本，是企业在融资过程中最为关注的对象。如果从现代财务管理理念来看，上述资金成本显然不符合现实状况。因为除了显性成本外，融资还存着隐性成本，比如企业机会成本如图 1-4 所示。

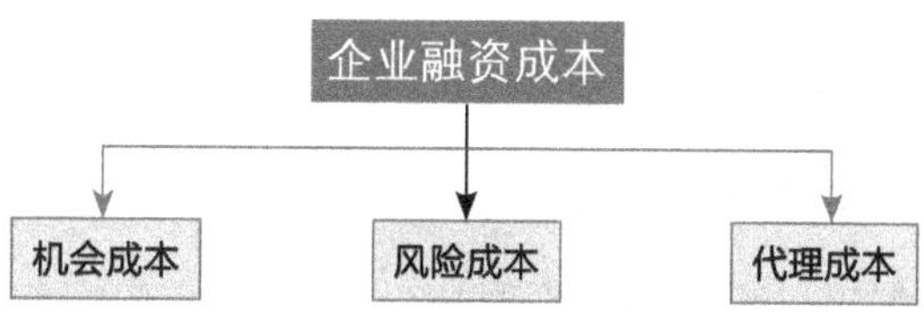

图 1-4　企业融资成本

我们从更深层的层面来讲述企业融资所需付出的其他相关成本。

1. 机会成本

毕竟企业所拥有的经济资源是有限的，正在生产某种产品时可能没有富裕的资金用来生产其他产品，而后者所能带来的收益即是机会成本。也就是说机会成本是由选择产生的，选择某种用途，必然丧失另外其他用途。举个例子，某企业有笔闲散资金，若用来扩大生产，当年即可得利 9 万元；若将这笔资金存入银行则能获得利息 1 万元，1 万元就是企业扩大生产的机会成本。相同的，企业将资金存入银行放弃扩大生产获利 9 万元，这 9 万元就是资金存入银行的机会成本。很显然，机会成本越低，则获利越多，因此企业要尽量降低机会成本。

有人说，企业内部融资是“无偿”使用的，无须额外融资成本，然而，从其他投资者所取得收益来看，内部融资的资金本可用于投资获取收益，这和其他融资方式并无区别。因此，即使是内部融资资金的使用，也存在机会成本。

2. 风险成本

风险指本身具有不确定性，或者说某种不利情况发生的可能性。从财务角度而言，风险是无法获得预期收益的可能性。如图 1–5 所示，企业融资的风险成本，主要指融资方式的选择而导致企业在未来遭受价值损失的可能性。

一般而言，企业融资的风险成本主要包括破产成本和财务困境成本。破产成本指与企业破产相关的企业损失，包括直接破产成本和间接破产成本。

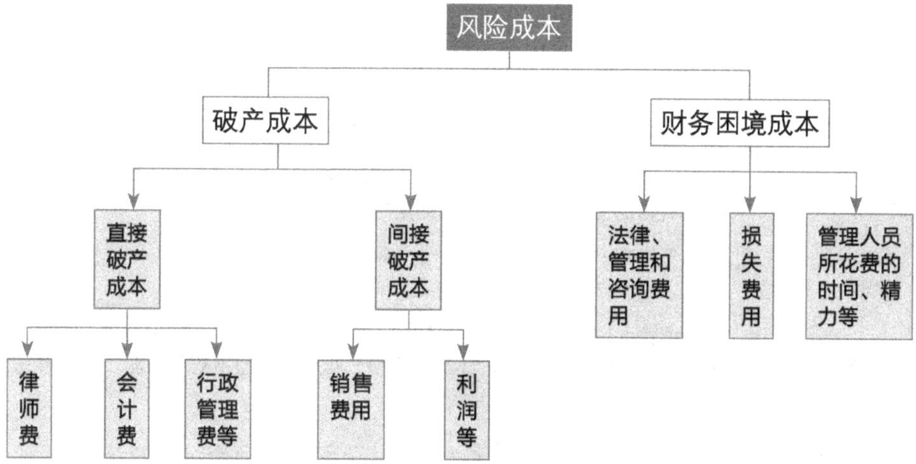

图 1–5　风险成本

直接破产成本则由律师费、会计费、行政管理费等组成，间接破产成本则由销售费用、利润等组成。

财务困境成本包括的范围要广很多，主要有法律、管理和咨询费用，企业产品销量减少而损失的费用，管理人员所花费的时间、精力等。

3. 代理成本

资金所有权者和使用者间通常会产生委托——代理关系，委托人会对资金的使用进行监督，如此必然会产生监督成本，即代理成本。

不少企业在融资过程中，并未有真正明确融资成本的概念。提到融资成本，则说“成本越低越好”，或者干脆以从银行贷款的利率为基准去评断，这都不是融资应有的态度。对企业而言，融资是有成本的，因此要进行成本分析，在不同的融资工具、融资渠道中选择最适合企业的。合理、正确的成本分析，能够成为管理者决策时的关键依据。

通常而言，企业降低融资成本的重点如下表所示：

表 1–1　降低融资成本的重点

方法	具体要求
提高效率	由于企业对资金的需求是刚性的，时间拖得越长，对企业越不利。企业及时地得到资金，则能进一步发展生产，获得利润
科学分析，合理选择	融资工具和方式多种多样，企业要根据自身的情况去选择，同时提高警惕性，以免上当，浪费时间、金钱、精力
委托专业机构	如融资咨询机构、融资代理机构等，弥补企业在融资上知识不足、经验不足，尤其是很多企业团队缺乏经验和专业知识，且不善于交流，此时委托专业机构无疑是最好的选择

由此可见，融资并非是无本生意。相反，融资是一项牵扯面广、影响深、复杂化、需要付出成本的经济行为，必须保持谨慎、细致的态度，以防在融资中出现差误，影响企业利益。

对创业者来说，要想当个成功企业家必须从两方面着手：一是将企业经营好，尤其是主营业务；二是要学会与资本打交道，也就是融资，这是创业者无法回避的。对于资金短缺的中小企业来说，融资就相当于“救命粮草”，是企业“行军打仗”的坚实物质后盾，不过“粮草”也是有成本的，包括征集成本、运输成本等，需谨慎对待。创业者要树立正确的融资观念，不要将融资当做是无本生意，否则必然会为此付出代价，甚至影响创业的进程。

1.3 适度原则：融资虽好，太多了也会成为负担

当企业只能用手头有限的资金艰难地维持运营时，或者急需资金缓解财务困境、扩大生产时，融资也显得格外诱人。如有可能，企业会把能够融到的资金全部收入囊中。一个企业家如果能融到较多的资金，甚至多次融到较多资金，在世人眼中，就是所谓的“成功企业家”，然而事实并非如此。一个企业尤其是创业企业，账面上融资过多，不一定是件好事。

某家互联网公司刚成立不久，因创业者自身的努力和自律，该公司发展状况良好，积累了一批忠实的用户。创业者决定融资 600 万元。对于这家刚成立不久的公司来说，600 万元无疑是笔大数目，融资后，公司上下都非常期待公司的进一步扩张。

然而仅仅六个月，该公司就倒闭了。其原因在于，一半的融资都用于员工的额外津贴、福利等，员工过于乐观，失去了以往的严谨、踏实、认真、高效的工作作风。后来公司进行扩张，但对风险评估不够严谨，导致资金链断裂，致使公司倒闭。

从事物的普遍规律来看，凡事都有“度”，过少则不足，过多则浪费。

企业需要资金，就好比饿肚子需要食物。点餐时，饿肚子的人会根据自己的食量选择食物，如果很饥饿，那所点的食物可能会多些；如果不是很饿，则可能只点份粥，此时就算服务员一再向他推荐招牌菜，他也不会再点了。因为他心里很清楚，如果再点只会造成食物浪费。同样的，融资也是如此，过多的融资会让企业变成“疯狂的火车”。多点个菜，可能会让你钱包瘪一些，同理，多融资则会给企业带来多重弊端。

表 1-2　过度融资的弊端

弊端	内容明细
过于乐观	过度融资会会让公司上下体会不到创业的艰难，无法增加团队的凝聚力，团员的奋斗精神堕殆，甚至会有人觉得公司发展得比实际情况好而要求提高待遇；客户觉得企业有过多的资金，则尽可能长的拖延付款时间
浪费铺张	资金过多则造成浪费，剩余的资金则可能用于不必要的补贴、办公室装修等
过度投机	削弱了企业的可持续发展能力；降低投资回报率，这对下一次的融资十分不利，损害中长期投资者的利益
稀释股权	引入过多的资金，创业者所拥有的股权也在不断被稀释，甚至严重到失去对企业的控制权；负债过多，资金闲置浪费；偿还困难，增加经营风险

如何融资是企业创业初期面临的难题之一，而资金又是企业赖以发展的基础。有了资金就可以聘请人才，可以扩大生产等，融资的好处是显而易见的。很多企业家认为，拥有了足够的资金，公司经营就会如虎添翼。然而事实是，过多融资会导致企业的优势资产少、劣质资产多、资产流动性差等问题。对于个人来说，营养过剩会对健康造成影响，企业同样也是如此，过多融资会危及企业的可持续发展。

企业所需融资的规模应与其经营规模、投资意向、业务正常展开的需求相对应。如果融资过少，则无法满足企业发展的需要；而一味追求融资量则往往埋下经营失败的祸根。所以企业融资需要依据自身实际情况，量力而行，寻求最适合企业的融资规模和最佳资本结构。

1. 合理的融资额

从财务管理角度来说，资金需求主要由流通性资金需求、偿还性资金需求、投资性资金需求组成。流通性资金需求包括企业营运的各种费用开支、销售回款未按时到账，维持生产的费用、开展新业务的费用、生产规模扩大的费用等。偿还性资金需求主要包括银行贷款、债券、供应商贷款等。投资性资金需求所包含范围很广，购买设备、建造厂房、办理土地证费用、收购企业、投资股票等。

在一般情况下，资金需求总量＝流通性资金需求＋偿还性资金需求＋投资性资金需求。

根据上述公式，我们可以算出所需的融资额。

对于中小型企业来说，融资有一定的难度，所以在融资环境很宽松时，很多经营者趁机多融资，这样做很可能为企业的未来经营埋下财务风险。

2. 追求利益最大化

融资时也要考虑到融资成本、融资风险、投资收益等。当融资预期收益大于融资总成本时，则可以进行融资。小微企业不像成熟企业那样有抗风险能力、可抵押的资产多，所以更应合理利用融到的资金，争取利益最大化，同时也要兼顾投资风险，不要只着眼于投资收益而忽略了潜在的风险。

3. 资金结构的合理性

对于固定资产或者是永久性流通资金，用中长期融资方式则比较合理；对于短期性、周期性、意外因素造成的企业资金链断裂，用短期融资方式则较为合理。资金有其特性，如若不注意，将短期资金投资于长期项目上，很可能陷入财务困境。

4. 以信誉取胜

在融资渠道的选择上应着眼于较为完善的金融机构，即分支机构多、交易方便、员工素质高、对小微企业发展有兴趣，并长期予以支持和指导经营、资金充足，收取费用较低、在行业信誉较好的金融机构。在与完善的金融机构合作的过程中，要多多沟通，向其提供企业的经营方针、发展远景以及财务状况等，用企业所取得的成就和良好的信誉赢取其资金支持。

创业初期的小微企业可以选择银行融资；高科技行业则可以选择引入风险投资、天使投资；企业规模发展到一定程度时，则可以选择债券融资、项目融资、上市融资等。要根据自身的情况来选择融资额的多少，切不可“以量取胜”。

融资要坚持适度原则，并非是越多越好，当所融取的资金能够满足企业发展所需即可，这才是至关重要的。要对企业做一个合理的估值，不要贪婪，否则会适得其反。事实上，投资人在考虑投资时，也是受利益的驱使，如果创业者无法为投资人带来足够大的收益，那么投资人会毫不犹豫转向其他创业者。

创业是种“慢功夫”，是一点点做起来的，企业估值也是逐步上升的，企业的做大做强并非一朝一夕之功。所以企业有多大的“胃口”就食用多少“食物”，吃得过多则容易噎住，出现消化不良等不良反应。因此，创业者在融资中要坚持适度原则。

1.4 实用原则：融资不是面子问题

资金是企业顺利运营的基础，是企业的“血液”，有了“血液”，企业才能“飞”得更高、更远。

马克思说过：“假如必须等待积累去使某些单个资本增长到可以修建铁路的程度，那么恐怕直到今日，全世界仍未建成铁路，不过通过资本运作则能很快达成这个目标。”这也是世界各地有各种奇迹般建筑的缘故。虽然个体、单个公司没有充足的财力去建造奇迹般的建筑，但通过资本运作则可以轻松做到。融资的正面作用就在这里。

不管是初创企业，还是百年名企，融资都是紧要问题。很多大企业都是由于资金链中断而倒闭的，如巨人集团。因此，不少企业视融资为重要的财务课题，并将资金问题提高到战略的高度，也有企业为获取雄厚资金，一再融资。

资本运作的根本目的是追求价值增值，扩大企业的经营规模则是实现价值增值的重要方式之一。因此，资本扩张被经营者放在首要地位，通过兼并重组、收购、以股票换购等方式想方设法进行扩张。采用这些方式，企业资本虽然扩张得很快，但企业很多时候的业绩增长却没有跟上，造成企业的股票“廉价”，甚至会跌破配股的及格线，危及企业的融资资格，甚至让企业陷入险境。这些危机都是由于企业融资未遵循实用原则以及过度扩张、过度融资导致的。因此，企业想进行资本扩张是好的，也很有必要，但要建立在企业业绩增长的基础上。否则只是建造空中楼阁，美则美矣，却不切实际，早晚会崩塌。

为了融资而融资，必然导致企业的高负债率。在一定层面，负债经营具有杠杆作用，但这里有个前提，即企业总资产报酬率大于债务成本率。然而很多企业总资产报酬率是远远低于债务利率的，这将对企业的可持续发展带来毁灭性的打击。

很多创业者觉得，唯有拥有雄厚的资金才能应对企业未来可能遇到的风险和危机，整天将“资金紧张”当做口头禅，为此而四处奔波，甚至专门成立融资部门，为融资而融资。然而在任何渠道融到的资金都不是免费的“唐僧肉”，处理不当，就会成为“烫手的山芋”。所以当企业并未拥有好项目时，或者融资的预期收益低于融资成本时，不如先搁置融资计划。

融资合理性判断

融资虽好，但操作不当，所带来的负面影响很大，因此在融资前要先进行合理性判断，思考如表 1–3 所示的问题。

表 1–3　融资前需思考的问题

企业融资的原因是?
除了融资是否还有其他方式能解决?
企业资金是否有中断的危险，资金需求量多少?

续表

融资后的资金主要用途是？
企业打算如何还这笔融资，还款来源是否稳定？
企业的核心资源是？
企业需要的融多少资金，多长时间到位，使用期限是？
企业的负债率是否过高？企业总资产报酬率是？
企业发展前景怎样，利润能否延续？

融资前思考这些问题，有资料、数据等支持，则能对企业现状、前景、业绩等有清楚了解，明确眼下是否有融资的必要，融资是否坚持了实用原则。况且资金方的资金并非“无偿”提供，是需要企业付出一定成本和代价的。资金方也会关注企业融资的合理性，关注企业的发展前景。因此，对于融资方和资金方来说，思考融资的合理性是对双方的负责。

企业发展战略判断

这里的企业发展战略主要指与融资有关的部分。在融资过程中并非需要企业各个部门都参与，以免造成“信息过载”，给决策者带来困扰。

企业作为一个有机的整体，而融资又是任何企业都无法回避的重要问题，尤其是融资具有“血液”作用，是让企业顺利运营的基础，因此融资势必会影响到企业的各个系统，因此要谨慎看待融资。

很多创业者失败的原因，在于未对企业战略进行分析而盲目融资。如果想让企业得以长久发展，在融资前，必然要判断企业发展战略的合理性。我们可以采用下面几个方法进行分析。

（1）用 SWOT 分析法分析战略。如图 1-6 所示，“SWOT”分析法即从优势（Strength）、劣势（Weakness）、机遇（Opportunity）、危机（Threats）四个方面进行分析，是企业经常用到的分析法之一。

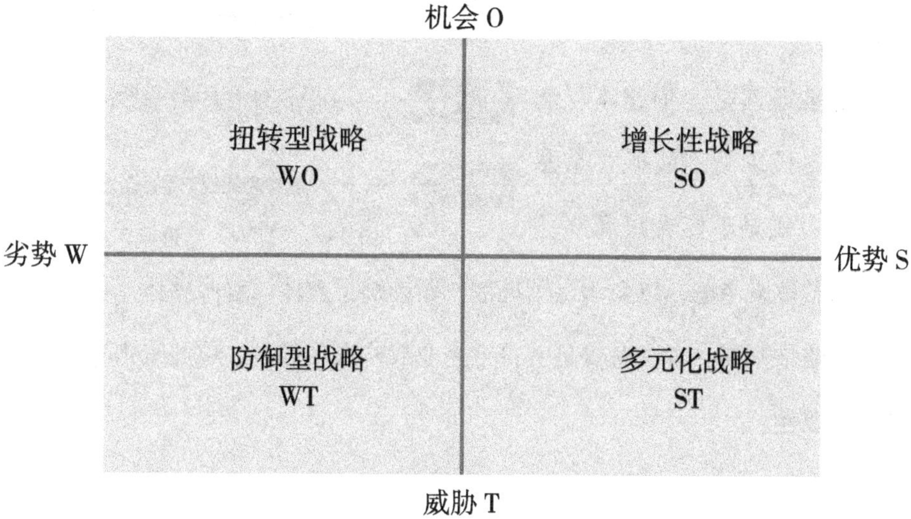

图 1-6　SWOT 分析法

（2）财务现状分析。分析企业目前的财务现状，尤其是可用的资产与负债资产的比率、销售回款与供货商货款的现状、固定资产、可以用于抵押的资产、日常运营开销等费用，进行比较分析、纵横向分析，发现企业目前在财务方面可能存在的问题，不要忽略细节，以免“鞋子有石块硌得脚不舒服”。

（3）趋势分析。根据现状，考虑企业在未来可能会出现的资金难题，以及造成难题的缘由，如此才能“未雨绸缪”，将这些不利因素一一解决，为顺利融资奠定基础。

（4）工作流程分析。找到企业目前存在的问题，以此为起点，采用“5W”

分析法(即五个为什么分析法)(见图 1-7)、因果分析法等，找出症结所在，完善企业的工作流程。

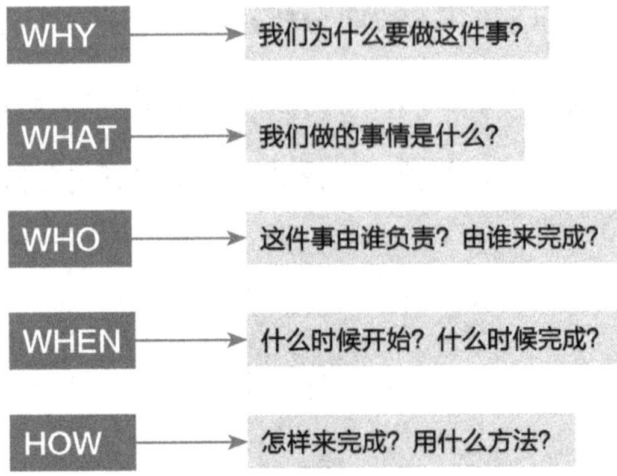

图 1-7 “5W”分析法

企业既然是一个整体，企业的资金需求就不能孤立地去看待，也就是不要着眼局部，而要从整体来考虑，以免满足了局部，而影响了整体。着眼整体，从企业的发展战略来判断，考虑融资是否符合企业战略发展需要，以此来判断其合理性和必要性。

所具备的融资基础条件判断

融资前，对所拥有的融资基础条件进行判断，可以最大程度上避免企业盲目融资。

资产基础

任何融资都是建立在双方目前资产基础上的。一个融资主体是否会获得融资，在很大程度上取决于融资主体所拥有的资产，尤其是优势资产。企业可以是不盈利的，甚至是亏损的，但应有其优势资产。例如京东商城自创办以来，多年亏损，但却能一次次获得融资，就在于京东有优势资产——庞大的物流系统。

一般而言，优势资产主要包括：

· 所购买的土地、产地；

· 能够用来变现的产品，甚至是设备；

· 企业应有款项多，且欠款方多为信誉优良、发展前景良好的企业。

如今，融资多用土地、产地等作为抵押，而其他优势资产的使用则有很多限制。对于创业者而言，优势资产是其创业风险的一种保障，关键时刻可以应急。创业者用优势资产盲目融资，是缺乏战略眼光和长远打算的表现，将企业置在了层层危机之下。京东商城虽多次融资，但每次融资都是建立在实用基础上，并非为了融资而融资，否则也不会成功上市。何况很多创业者并没有优势资产，融资只会给创业发展埋下隐患。

前景基础

融资是有成本的，这就需要企业有良好的前景，有好的项目，有能将用所融得的资金进行合理利用的能力，并可以创造更多的财富。可以说，融资的前提是可以将所融得的资金消化掉，并获得比融资成本更高的利润。

一再融资，使企业账目上有雄厚的资金，只是“面上”好看，背后却隐藏着重重风险。

创业本身就是一项极具风险的事，创业者理应将风险降到最低，规避各种风险，合理融资，合理使用所融得的资金，让创业之火越来越旺，而不是将其“熄灭”。

1.1 冷静头脑：不要为了融资而不顾一切

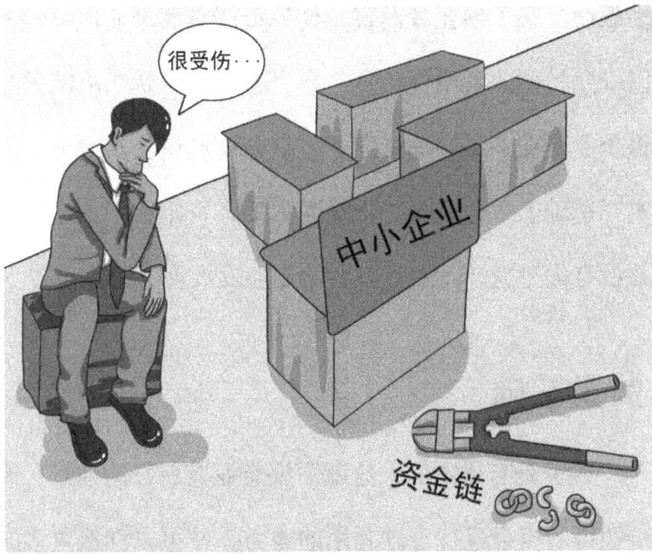

创业者怀着雄心壮志想做一番大事业，希望创业成功，而创业路上总有很多拦路虎，资金短缺就是初创企业经常遇到的问题。对于创业者来说，融资可谓是“输血”。然而人体输血都需验证“血型”“血质”等，才决定是否输血，企业“输血”要远远复杂于人体输血，更应谨慎。

对于口渴者，一杯清水胜过无数美食佳肴；对于资金短缺的企业，资金则有着无法抗拒的魅力，让其为了得到资金而不顾一切，多少企业就是败在这点上。众多才华横溢、见多识广的经营者都败在“资本至上”这座独木桥上。

巨人集团在发展初期，史玉柱初生牛犊不怕虎，天不怕地不怕，他认为

IBM是世界公认的巨人，因此他用“巨人”作为公司名，志在向IBM看齐。于是他疯狂融资，为了融资可谓是不惜一切，并开拓多个新业务，同时大肆修建高楼，最后却落得一个惨败的下场。一栋荒草萋萋的烂尾楼，几亿元巨债成为其疯狂融资严重后果的见证。此后，史玉柱经常自嘲称自己是“首负”。这样的例子俯拾皆是，王志东离开新浪、吴鹰惜别斯达康等，都败在了“资本至上”这一执念之上。

史玉柱后来鼓足勇气东山再起，融资时小心翼翼，卖脑白金、投资银行、进军网络游戏，创业终成。然而又有几人能有他的勇气和运气呢？

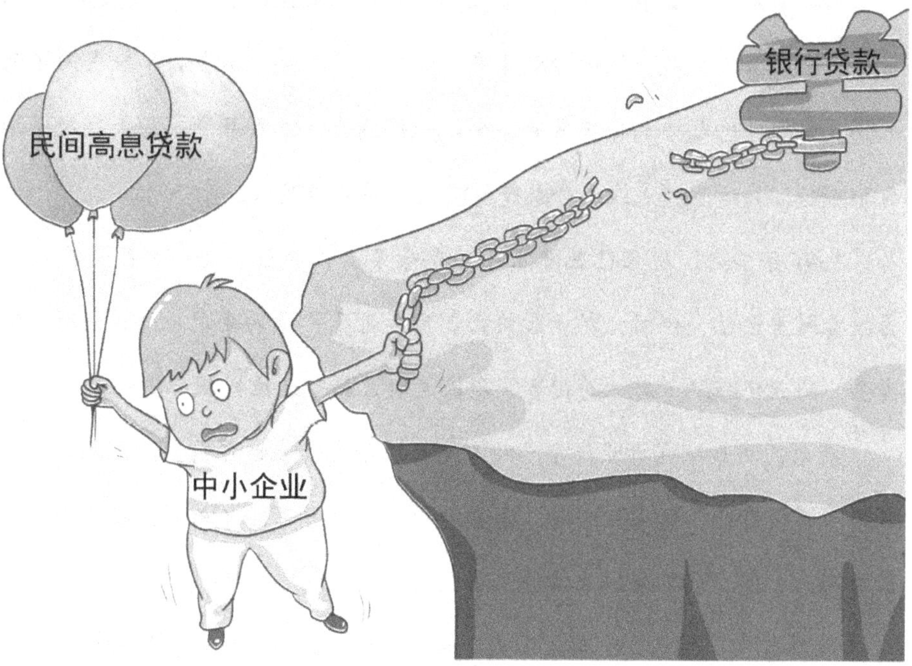

对于创业者而言，资金问题似乎比人才问题要急迫得多。当有渠道可以融到资金，创业者难免会头脑发热，不顾一切，甚至不惜到进行高息贷款。

疯狂融资所带来的并非只是融资成本问题，而是对企业控制权的丧失，决策上的被动。所以融资一定要头脑冷静，谨慎理性地对待。

马云被誉为是“创业教父”，其创办的阿里巴巴是我国创业史上的一个奇迹。阿里巴巴多次融资，始终坚持一个原则：任何人都不能控股阿里巴巴。在创办阿里巴巴之前，马云曾做过中国黄页，然而由于资金短缺，马云不得不融资，选择与杭州电信合作，后来双方在经营理念等问题上产生分歧，马云被迫出局。

心灰意冷的马云在北京再次创业，然而因为相同的原因，马云再次黯然出局。经此两次失败，马云对融资有更加客观的看法，不会为了融资而不顾一切。阿里巴巴创办初期经常面临金钱短缺困扰，急需融资。马云这次保持头脑冷静，始终坚持底线，那就是得有对公司的控股权。

1997 年 7 月，阿里巴巴账上已无剩余资金，此时上海一家投资公司打算投资阿里巴巴，但对方对于股份比例有着近乎严苛的要求。尽管公司急缺资金，马云仍拒绝了对方的投资，原因是对方触及了他的融资底线。

后来，马云从高盛获得了 500 万美元的融资，在这之前，他已经拒绝了三十多家投资商。从条件来看，高盛的投资条件并不比之前那些投资商好，但马云只考虑了十多分钟就接受了高盛的融资。

原因在于：高盛是世界久负盛名的投资公司，有着成熟的投资模式，高盛不干涉经理层对公司的运营，这点和马云的融资理念相吻合。因此，马云接受了高盛的融资。

据传马云和孙正义谈论投资时，曾拒绝对方的高价，而选择了较低价格。因为如果按照孙正义最初的开价，其占有阿里巴巴的股

份过多，这必然导致股东结构不平衡，危及马云对阿里巴巴的掌控权。

创业者在融资时应像马云那样保持头脑冷静，不要为了解决资金问题而不顾一切，否则必然会给企业发展带来风险，甚至毁掉一个优秀的企业。

在接受融资前，创业者应该考虑如表 1-4 所示的几个方面的问题。

表 1-4　创业者融资前应考虑的问题

问题	内容明细
融资金额	创业者是不是认为融资金额应越多越好？是不是对投资者的条件已充分了解？金额与企业资金缺口是否相差不大或者吻合？
融资用途	融资的用途是什么？是购买设备扩大生产，还是多购买货物，还是招聘更多人才？用途要明确，这样才能防止盲目融资，避免不顾一切的乱筹资。金额多少应与企业目前的发展水平相呼应，对于其是属运营资本还是固定资产要有明确的了解，清晰的划分
控股权	融资金额是否会过多地稀释股权，危害股东利益，甚至让经营者失去对公司的控股权？创业者的地位是否得到保障？毕竟目前法律对创业者的保障只在“专利”“品牌”等方面，而对于创业者的个人付出并未有相关规定
决策权	融资后，创业者是否拥有对公司业务的决策权？投资者是否插手公司的运营？融资绝不是简单的融到资金，它的影响涉及到企业的战略、人事、文化、前景等方面，其成本是昂贵的

续表

问题	内容明细
归还问题	融资怎么归还？时间期限是多长？融资资产毕竟不属于企业，一定期限内要还给投资者。经营者理应有个还款计划，包括还款时间和归还方式等。企业万不可明知无法归还资金，仍不顾一切融资
融资成本	成本是否在可承受范围内？融资时，应考虑到其成本，如利息、股票分红、股息、股权等，对创业者而言，急功近利，饥不择食，对企业是有百害而无一利的。不顾一切融到资金，只是表面上光鲜诱惑，最终贻害无穷，有如“饮鸩止渴”
风险成本	对风险是否有足够的了解？融资服务机构很多，如会计律师事务所、投资咨询机构、信用评级机构、担保机构、不动产评估机构等。但这些机构良莠不齐，有的机构甚至利用企业融资的急迫心态进行诈骗。创业者缺乏相关分辨能力，一时无法识别出真正的服务机构，非常容易受骗上当
融资骗局	融资知识的匮乏、自身的贪婪心态、经验的缺乏等，是企业冒进融资遭遇融资骗局的根本原因

人们都知道这样一个道理，即不要在头脑发热时做决定。这是因为在着急、头脑发热时，人容易做出错误的事情。融资也是如此，如果不能保持冷静，那么不如不融资。为了融资而融资，即使融资顺利也会给企业带来沉重的财务负担。

创业者在融资时，如果对投资规则不清楚，对资本市场不熟悉，而企业又急需用钱，那么可以考虑请个好的律师。跟律师讲清楚企业目前的需要和现状，与投资人接触的过程中，条款都要仔仔细细核实，写在合同上，包括企业经营、战略等有变化的情况下，企业和投资人该通过什么机制、规则解决等，也就是说寻求律师的帮助是防止创业者为了融资而融资的有效手段。

融资的目的是让企业能更好地运营下去。创业者应以最终结果为导向，慎重选择资金，切忌头脑发热。融资前多思考、多分析、多对比，一定要保持冷静，唯有如此才能做出正确的判断，帮助企业走向辉煌。

1.6 放眼长远：融资成功不等于创业的成功

这是最坏的时代，也是最好的时代。曾经广褒无垠、摆摊也能赚钱的蓝海，慢慢地被红海所吞噬，让后来者望而生畏。时代发展让世界越来越像一个小村子，地域界限、国界等逐渐变得不重要，语言、距离对企业的影响越来越小。只要你有勇气创业，就有机会写下商业传奇。而那些幸运获得融资的企业，则如猛虎添翼，加速创业进程。

丁磊创办网易得到了500万美元的风投，网易也因此快速发展，成为三大门户网站之一；携程网获得1800万美元的融资，借此成功上市；盛大网络因得到软银的投资，有雄厚的资金做支撑而发展网络游戏，最终摘得著名网游公司桂冠。

企业获得融资后飞速发展的案例数不

胜数。然而在这些光鲜的成功企业背后，也有数不清的企业拿到融资后却创业失败了。比如 8848、亚信、港湾网络、亿唐等，其中很多企业在过去曾是时代的标杆，引领过时代潮流。但是尽管这些企业获得融资，却难逃多舛命运，或陷入财务困境，或被收购，或倒闭，曾经风光无限，如今却黯淡陨落。这些案例为后来者敲响了警钟：融资成功并不代表创业的成功。

前车之鉴，后事之师。创业者得到投资者的青睐，顺利融资，也要保持谨小慎微的态度，不要被眼前的成功所迷惑，而要放眼于未来。

创业就像是汽车拉力赛，获得融资，就如同汽车有了充足的油，但能否克服重重障碍赢得比赛，还是个未知数。

哈佛商学院高级讲师雪哈·戈什曾做过一项研究。研究对象是在 2004 年到 2010 年间获得超过百万美元融资的企业。他通过观察发现：其中未能给予投资者回报的超过 75%，甚至有 30% 到 40% 的投资者会亏掉这笔投资。

深究原因，戈什发现：有些企业背负着沉重的资本外壳，被迫盲目做大，进而失控扩张，无法收手；有些企业只是有华而不实的商业模式，经不起市场考验，所融的资金如同被吸进黑洞，打了水漂；有些则是企业与投资者因为经营理念不合，内斗不断，企业因此元气大伤，最终运营者失去对企业的控股权，或者是投资者撤资，双方不欢而散，导致企业经营失败。

所谓创业，严格意义上来说是从无到有的过程。从发现商机到注册公司、运营的整个过程，才是创业，而不是有了完善的商业计划书、进行了项目调研就可以称之为创业。企业是整体的、系统的，需要全方位的要素支撑，即使有充足的资金，没有良好的执行力，没有实打实的运营行动，不过是空中楼阁。

融资成功仅仅是创业的开始，只是万里长征中走出的第一步。创业者应趁着拿到融资，放眼于未来，通过艰苦奋斗赢得生存机遇，踏踏实实地打造自己的核心竞争力，在市场中磨砺自身的盈利能力，商业模式经受住了市场的考验，才能称之为创业成功。

创业者要做到着眼未来，应从下面几个方面考虑。

（1）企业的核心竞争力。顾名思义，它是企业团队在长期合作中所形成的，蕴涵于企业之中，是企业特有的、企业内部一系列技能和知识的组合，凭借这个能力企业才能在现在、未来的竞争中赢得主动，是整合企业内外部资源的能力。

创业者在融资后，要着手构建企业的核心竞争力。要想整合内外部资源，就需要对企业进行全面规范化管理。如此，企业才能有组织、有纪律，为了一个共同目标而努力，才具有决策力、支持力和执行力。拥有八大利益主体（与企业相关）——决策者、管理执行人员、现场操作人员、客户、合作伙伴、投资者、社会大众，国家才能认可企业的运营和发展。

（2）行业趋势。即所属行业未来的发展趋势。行业是否属于朝阳行业，未来发展前景怎样？目前市场竞争怎样？是否饱和？未来还有多大的市场空间？如果企业扩大生产，是否有足够的客户？等等。判断行业趋势，对企业未来发展非常重要，它决定企业发展的前景。举例来说，如果行业市场趋于饱和，那么企业就要及早谋划开展新业务。

（3）企业在行业中的地位以及盈利模式。只有着眼于整个行业，企业才能发现自身所处的地位，人（决策者）发现与同行业企业的差距，从而奋力追赶，或者走创新捷径。虽然暂时不用考虑资金问题，但企业也要找到盈利模式，让资金源源不断地流入，以免“坐吃山空”。

（4）软实力和硬实力两手都要抓。如图 1–8 所示，企业软实力主要表现在源动力、执行力、规划力、管控力、感召力、共识力这六大能力上。企业硬实力一般指可以使用的物质态要素，如设备、人力、厂房、产量、资本等。获得融资，企业可以大幅提升硬实力，但软实力的构建则需要一个漫长的过程，况且软实力是对硬实力的整合和运用，是企业可持续发展的重要因素。

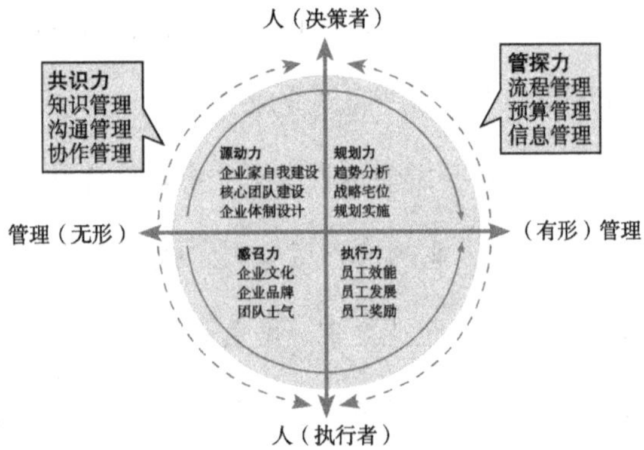

图 1–8　企业软实力

因此，创业者融资后，不要只顾着提升硬实力，应同时重视这两种实力。

（5）融资后遗症。融资成功并非一劳永逸，在使用资金的过程中可能会遇到各种问题，最常见的有违约风险、法律风险等。

违约风险指企业无法按时偿还债务，给企业的声誉造成不良影响。产生这种风险的原因有很多，例如：企业对现金流过于乐观、存货过多、占用资金多、销售未回款、将短期融资用于长期项目、企业经营不善导致亏损等。

防范这类风险的主要措施有：多储备现金，包括通知存款、可以流通的证券类资产；准备多种融资渠道，处理好与融资机构的关系；加强对融资的管理，由专人负责；建立风险预警机制；认识到资金问题具有长期性等。

法律风险主要是由于企业提供虚假资料或者是其他造假行为造成的，有触犯律法的可能性。为了融到资金，一些企业往往会造假，如信用凭证造假、报表造假、土地产权造假、收回款凭证造假等。因此创业者在融资时应如实呈现企业实际情况，不弄虚作假，以免信誉受损。

融资只是创业万里长征的第一步，它让创业者能够暂时不用为资金问题发愁。然而资金只是影响创业能否成功的关键因素之一，并不能起决定作用。因此，获得融资的创业者不要盲目乐观，觉得创业成功指日可待，而要着眼未来，将企业现状、行业趋势、未来风险、个人素养等作为考虑的因素，找到最适合企业的经营方式和盈利模式。企业唯有在市场竞争中胜出，才意味着创业初成。

融资只是创业万里长征的第一步，它让创业者能够暂时不用为资金问题发愁。然而资金只是影响创业能否成功的关键因素之一，并不能起决定作用。因此，获得融资的创业者不要头脑发热，盲目乐观，觉得创业成功指日可待。而要着眼长远，从企业现状、从行业趋势、未来风险、个人自身素养等考虑，找到最适合企业的经营方式和盈利模式。企业唯有在市场竞争中胜出，才意味着创业初成。

PART2

技巧：掌握融资的必备攻略

现代公司财务理论认为，融资是企业继续生产经营、对外进行投资、调整资本结构的需要，甚至决定企业的生死存亡，所以融资在企业中占据着举足轻重的位置。但人们也经常看到，两家情况差不多的企业，其融资结果却大相径庭，究其原因，主要在于各企业掌握的融资技巧不同，是否掌握融资必备攻略，对企业融资成败至关重要。

2.1 好项目：种下梧桐树，才能引来金凤凰

融资，顾名思义指为获得资产筹集资金时所使用的货币手段。这个阶段，资金的所有权者和资金的使用者是分离的，因而产生一种直接或间接的金融活动。从狭义上来说，它是企业筹集资金的行为与过程，企业根据自身的生产现状、财务现状、市场情况以及对企业未来生产发展的需要，采用某种融资渠道和融资工具去筹集资金，以满足企业生产经营需求的行为。

从表面来看，融资并无太高的门槛，人人都可以融资。很多中小企业，以及创业初期的创业者，所拥有的资金有限，急需大量的资金来开展业务，

这时筹集资金最好的方式就是融资，然而并非人人都能融资成功。

当创业者对融资知识不了解，缺少经验，对融资渠道、融资工具、融资服务机构、对企业自身的财务状态所知甚少，只是凭借热情去做，很容易失败。在融资这方面，创业者初生牛犊不怕虎，有融资的热情而没有为成功融资做好准备，尤其没有对融资基础条件进行诊断、评析与完善，缺少一个合理、科学的计划。面对融资过程中的困境，企业缺乏相应的应对能力，又因怕麻烦而不肯求助于专业的融资服务机构。这些都是常见的错误心态。

与之相反，有些人则很轻易获得投资者的青睐，获得融资。这不由得让那些融资失败的人郁闷。究其原因就在于，前者融资前做了充分准备，有好的项目打动了投资者。在融资中，项目的好坏是融资能否成功的关键因素。

项目

在企业运营过程中，项目是为了达成某个目标而在特定资源条件局限内完成的一系列活动。

项目通常有以下几个基本特征。

1. 清晰的目标

在项目实施前必然有清晰的目标，有详细的计划，不然难以协调各方面的资源，很容易乱成一锅粥。在实施项目的过程中，每项工作都是为项目的目标服务的。

清晰的项目目标，可以帮助企业将自身的行为与目的不断加以对照，修正偏离目标的行为；了解项目的进程，察觉与目标相距的距离，自觉克服项目推进过程中所遇到的挫折，直至完成目标。

2. 特质

项目就像是人，每个人都有其独特的特点，项目也是如此。项目所生产的产品、服务等，与现有的类似产品、服务等有着相似性，也有明显的差别。如各类外卖 APP，虽然产品很相似，但彼此有着明显的差别，在点餐系统、格式、付款方式等有不同之处。

3. 有限的资源

有的项目动用的资源多，有的则动用资源少，但所有的项目都是在特定资源范围内完成的，而资源是有限的，因此项目本身受资源的约束。

4. 项目实施的一次性

项目具有独特性，因此其实施也是一次性的。也就是在此前没有发生过，在此之后也不会在相同的条件下发生。项目实施是有计划、有节奏、有初始时间和结束时间的活动，而不是日复一日不断重复或者无休止的活动。

5. 结束点的确定性

每个项目都有其结束点，而且结束点是确定的。虽然在项目的实际实施过程中，常因为内部因素或者外部因素而发生某些变化，但是当项目的结束点变化时，也就是不具有确定性，项目就不再是原来的项目，而是新的项目。

6. 特定的委托人

项目的实施是由委托人完成的。委托人包括项目的发起者以及为项目顺利实施提供资金的投资人。

7. 最终成果的不可逆转

项目实施后，无论是否在规定时间内完成项目目标，项目都会结束，最终成果出现了，且无法逆转。如同时间过去就过去了，无法再回到过去。

8. 风险性

项目存在一定的风险，也就是项目失败的可能性。再合理、科学的项目计划，也有其局限性。在实施过程中资源条件发生了变化；或对项目的认知不足，造成项目的实施情况和预想的并不一致等原因让项目的成败存在不确定性。

9. 创新性

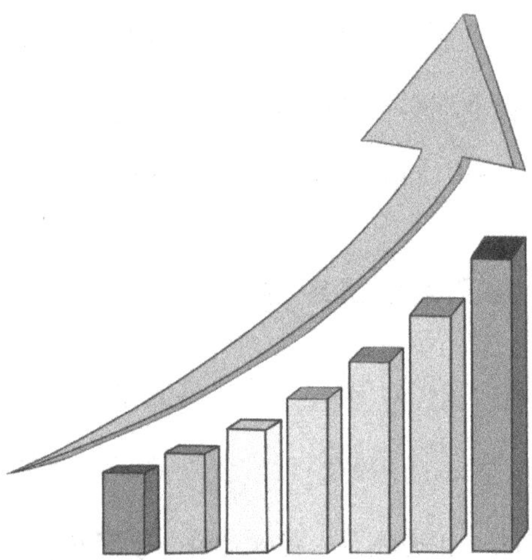

项目的独特性决定了项目要进行某种创新，而创新意味着不稳定、不确定，意味着成败不再可控，给项目本身带来风险。

在市场竞争白热化的现状中，创新无疑是获取市场份额的最佳方式。对于创业者而言，唯有创新才能为用户提供新的产品或者服务，从而增加创业成功的概率。

有了项目就有了融资成功的可能，然而要想博得投资者的青睐，项目本身必须具有吸引力。好项目一般而言具有以下几个特点。

（1）市场前景广阔。项目完成后要有市场需求，且易横向扩展。没有较好的市场空间，项目初始就失去底气！毕竟产品不好卖，就无法获得利润，前期再多的投入、努力也会打水漂。

（2）趋势特征明显。发展空间呈几何级增长。过早进入市场，则开发成本过高；过晚进入市场，则只能跟在别人后面，且利润微薄，难以保证持续收入。只谋取眼前利益，很难让企业和投资者赚到钱，好的项目必然具有长期性，收益连年递增。

（3）具有革命性创新。各类项目层出不穷，投资者每天所接触的项目也很多，如果融资者的项目很普通，没有特色，很难给投资者留下深刻的印象。什么样的项目最容易让投资者眼前一亮，当然是具有革命性创新的项目，包括能够颠覆传统行业的项目。这类项目往往具有极大的市场发展空间，而且利润丰厚，成功概率高，是投资者最为青睐的项目。另外，创新能够极大地缩小创业成本，这对资金本就缺乏的创业者十分有利。

（4）良好的盈利模式和品牌效应。红顶商人胡雪岩的经商要点就在于布局、造势、摆平，用如今的话来说，就是利用品牌效应做生意。这需要创业者有长远的眼光和判断。运作项目目标是获取收益，如果没有好的盈利模式，项目必然难以为继。

（5）低成本高收益。利润太薄，只能赚些辛苦钱。创业者最好选择回钱快的项目，战线不能拉得太长。因为自身所拥有的资金有限，一旦出现资金紧张局面，就会为自己的创业带来不利影响。

（6）有一定的技术含量或者服务优势。尽量不要选择没有技术含量的项目，这样的项目利润微薄。企业应具备核心技术和核心业务。如百度在搜索上拥有自己的核心技术，多年来，国内没有任何一家搜索企业能与它匹敌；腾讯具有社交优势；阿里巴巴有电商优势，这些优势是它们能够在长期市场竞争中保持不败的原因。

（7）好的项目还需好的支持以及服务，通过有效的服务提升创业技术和能力。

好项目也许并不具备上面所有的特点，但一定具备其中几个特点。投资者并不是无偿提供资金，而是要求回报。而投资是有风险的，因此投资者自然倾向于投资好项目，以免投资产生亏损。

创业者所选的创业项目与创业成败休戚相关。好项目能帮助创业者顺利募集到资金，甚至创业成功；而差的项目则可能让创业者融资失败，甚至导致创业失败。

俗话说："没有金刚钻不揽瓷器活"。当企业想进入资本市场融资时，一个好项目无疑是非常重要的。不管是企业还是创业者，在挑选项目时，都应遵循下面的几个原则。

原则之一：大势、行业、熟悉程度。

大势：天下大势，浩浩汤汤，顺之者昌，逆之者亡。大势是一种全局观，是对当前局势和未来趋势的一种判断。创业有如海中泛舟，迎合大势，则顺风加速；违背大势，则逆风减速。眼下电子商务、社区化电子商务、移动游戏等都是大势。

行业：主要是指资本关注的行业，如互联网等。国家政策支持、有前景的行业也是创业的理想选择。

熟悉程度：项目并不是凭空出现的，项目就像人的出生和成长一样，本身有怀胎、孕育、出生、发育、成长、成熟的一个过程。因此，对于项目应有个认知过程，了解项目的方方面面、前因后果，才能对项目未来的前景保持乐观，就如同谈恋爱，唯有对恋爱对象有着充分的了解后，才敢与对方步入婚姻殿堂。

原则之二：自身优势条件和身边优势资源。

创业有如行军打仗，最重要的就是要做到“知己知彼”四个字。知己，即能够客观地审视自己的优势、长处、性格与心理特征、知识储备、兴趣爱好等。知彼，指在行军中熟悉敌军的部署、战略、军力等，而这里则指创业项目，确保项目在未来有稳定的、长久的市场需求。

俗话说：“靠山吃山，靠水吃水。”创业者如果能利用身边特有优势资源来发掘项目，则容易获取成功。如附近有瓷土，则可以开发有关瓷器的项目。

创业的道路是拥挤的，如果没有优势和长处，很容易落在队伍后面。创业者理应选择与自身优势条件、优势资源相关的项目，这样创业就成功了一半。因此每位创业者理应从自身优势条件、资金实力、身边优势资源等出发，细致分析行业，找到最适合自身的项目。

原则之三：做好市场调研，深挖市场需求。

创业时不要因为哪个行业火爆就做哪个行业。创业的目的是为了满足客户的需求和市场的需求，这样才能保证企业长盛不衰。在项目的选择上应以市场为导向，而非凭空想象，要想知道社会需求，则需进行市场调研，深挖市场需求，率先推出有市场需求、有潜力的新产品或者服务，这样才能先一步占领市场。强需求自然会催生出新产品，如豆瓣、去哪儿、易购、下厨房等都是这类代表。

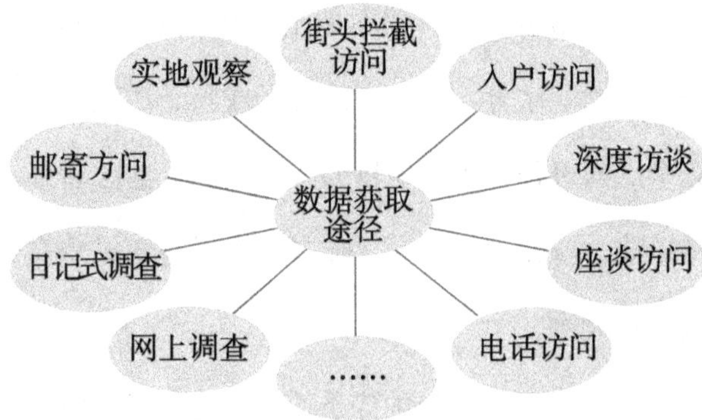

产品的市场支持力、市场容量、发展潜力等都是需要市场调研才能得知的。

原则之四：从小做起，量力而行。

创业是有风险的。所以创业者遵循量力而行的原则，尽量选择风险低、回钱快的项目。积少成多，有足够的抗风险能力后，再去选择那些风险高、利润高的项目。

原则之五：项目要有特色。

项目要有特色，应该具备这样的特点：人无我有、人有我优、人优我特。

人无我有：可以是某种资源或者特殊产品和服务，并非一定是独自所有，也包括领先于他人发现的。

人有我优：若在技术、成本、资源、能力、管理等方面比别人“高”一点。那么就有了独特的竞争力。例如，零售企业很多，但能做到“世界500强”排名第一的企业唯有沃尔玛，其成功得益于其超低的成本，管理费用只占销售额的2%。二次创新模式也很重要，如知乎，它的胜出就在于比百度知道“高”出一点。

人优我特：如同样是关于问答的，百度知道、好搜问答、知乎等有着明显的区别。

好的项目是融资成功的关键，在挑选项目上应慎重一些。孙正义从美国毕业后回国创业，曾选出多个创业项目，他用一年的时间逐个进行市场调研、考察，所收集的资料有几尺厚，最后从中选择了最优项目。既然项目好坏对融资成功如此重要，那么就不能随便选个项目，而要经过多方对比、分析，舍得付出时间、精力、金钱，挑选出好的项目。创业者应牢记好项目是打响融资战争的第一枪，至关重要。

2.2 梦想营销：欲动天下人，先动天下人之心

俗语说：“酒香不怕巷子深”，即如果酒的质量很好，很香，哪怕藏在深巷里，人们也会闻香而来。然而，步入互联网信息爆炸时代，每天都有无数的信息被人们接收，而且交通也在发展，人们的行程已不像以往有着太多限制，卖酒不能像以往那样只靠酒香，消极等待过客发现。

茅台酒与苏格兰威士忌、法国科涅克白兰地齐名，而茅台酒的成名就是一次出色的项目营销。1915 年，美国费城举办世博会，茅台酒也在参展之列，参观者络绎不绝，然而却很少有人注意到茅台酒。展销商很是焦急，因为他深知茅台酒的好，然而参观者却不知道。为了让参观者注意到茅台酒，展销商故意打碎酒瓶，酒香四溢，立刻吸引了人们的注意、品尝，茅台酒因此而一举成名，为世所知。如今茅台酒已享誉世界，靠得不仅是品质高、酒香，还有出色的营销能力。

试想茅台酒散发醉人的酒香，这香再浓郁醇厚，也无法漂到大洋的另一侧吧。好酒需要“酒香”，但更需要发现“酒香”的鼻子。项目也是如此，需进行营销，让投资者发现其价值。

每天都有无数人投入创业热潮中，选择项目然后融资。这其中不乏拥有好项目的创业者，但他们在融资过程中却一再受挫，甚至失败，然而一些创业者的项目不如他们的项目有潜力，反而能成功获得融资。这是为什么呢？因为有些项目虽不甚理想，但创业者善于营销，将项目推到投资者的眼前，让投资者看到。毕竟只有投资者看到，才能有下一步的合作，不然项目再好，投资者却不知道，好项目只能烂在自己手里。俗话说："王婆卖瓜，自卖自夸。"这话表明了营销的重要性。

营销是指企业发现、创造和生产某种产品或者服务满足相关的市场需求，并从中获得相应利润的市场行为。当发现尚未被满足的市场需求，对其规模以及利润厚薄有所了解，企业生产该类产品投入市场，这种活动即是营销。事实上，营销处处可见，我们与人交往、上班，每时每刻无不在营销自己。最常见的营销有项目营销、网络营销、销售营销等，这里讲一讲项目营销。

项目营销，指在项目产品尚未投入生产前，就对项目的思路谋划、设想、实施、优劣势、定位、作用、竞争策略、特点等所有的内容进行描述，并且对项目进行价值判断标价，然后与投资人接触、谈判，最终双方达成一致，签订合同，通过资源交换来完成项目，满足市场需要，实现双赢的一种行为。

整个项目营销过程由准备阶段、搜寻阶段、接触谈判阶段三部分组成。

准备阶段

企业以市场的需求为起点，用一系列的整体活动来设计、生产市场所需的产品，或者是提供某种服务，满足市场需求。而市场需求除了那些已知的并有产品或服务可满足的需求外，还有潜在的市场需求和创造新需求，而创业大多是为满足后两者的需求而采取的一些列活动，项目营销的本质也是满足市场需求的一种活动。

市场需求是营销的基础。有些项目的失败原因就在于其产品或服务并不能满足市场需求，或市场需求已饱和。总之，项目营销是建立在有市场需求或者创新需求的可能性基础上的。在项目营销中经常会使用到的概念主要有市场细分、目标市场选择、需求、产品或者服务、优劣势、供应链、交换、谈判、营销环境等。明白这些概念，企业才可以顺利地进行项目营销。

通常而言，影响项目成败的因素是多种多样的，既有内部因素，也有外部因素。内部因素主要指与企业相关、对项目造成不利影响的因素。外部因素则主要由宏观环境和微观环境组成。这里讲一讲影响营销的宏观环境和微观环境。

1. 宏观环境

主要指大的社会环境，主要由以下几个方面组成，如图 2–1 所示。

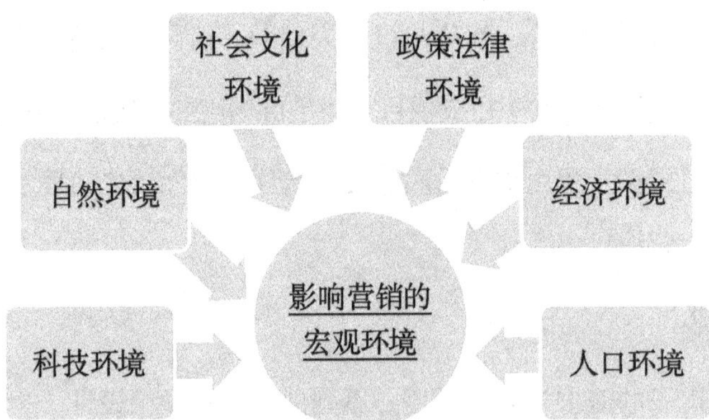

图 2–1　影响营销的宏观环境

（1）人口环境。

由人口的总量、增长率、结构、流动性等组成，如表 2–1 所示。

表 2–1　人口环境的组成

组成	概述
人口总量	市场的第一要素就是人口，毕竟有人才有消费需求，才有市场，而人口总量决定了市场的规模和潜在容量
人口增长率	人口增长率则表明整体市场未来的规模增长和潜在容量
人口结构	主要指年龄结构，不同年龄的消费者所需的产品或服务是不相同的，因此才有了复杂多样的市场需求，项目营销应考虑到各年龄层的需求特点，避免不必要的亏损
人口迁移	指人口流动趋向，整体来说，我国的人口迁移方向主要是由农村向城镇、西部向东部、东部向东南沿海迁移

（2）经济环境。

由收入、支出、储蓄、信贷、经济发展状况等组成，如表 2–2 所示。

表 2–2　经济环境的组成

组成	概述
收入	收入是构成市场的基础，消费者购买力的大小决定了市场规模的大小。因此项目营销要考虑到消费者收入
支出	恩格尔系数 = 食品支出金额 / 家庭消费支出总金额，恩格尔系数越小，食品支出金额越小，则表示食品支出所占比重越小，表明生活富裕，生活质量高；反之则表示生活贫困，生活质量低
储蓄	在收入一定时，消费者储蓄越多，则现实购买量就越少，反之则越多。市场消费量购买的多少与消费者存蓄多少有直接联系
信贷	指先取得产品使用权，后期慢慢还款的一种方式，消费者越敢于信贷消费，则市场购买力越强
经济发展状况	主要指未来经济发展趋势，是下降、维持，还是上升？这可以判断项目所提供的产品或服务在未来的状况，以便未雨绸缪，提前应对，避免损失

（3）社会文化环境。

由价值观念、宗教信仰、教育状况、消费习惯等组成，如表 2–3 所示。

表 2–3　社会文化环境的组成

组成	概述
价值观念	指人们对事物所持有的看法和态度。价值观念并非是相同的，这也是为什么对相同的产品，人们会有各种态度和看法的原因。项目营销要考虑到产品的标识、样式、促销方式等对消费者的影响
宗教信仰	不同宗教的禁忌和要求不一样，营销中应注意到这点，以免造成误会、矛盾、冲突，给营销带来不便
教育情况	教育程度的高低往往影响消费者对产品的要求，通常教育水平高的地区人们对产品的要求也高
消费习惯	消费习惯具有长时间内形成、不易改变的特点，了解消费者的消费习惯，掌握目标消费者的禁忌、避讳，能避免企业在营销中犯不必要的错误

（4）其他环境因素，如表 2–4 所示。

表 2–4　其他环境因素的组成

组成	概述
自然环境	指自然界提供给人类的多种形式的物质资料，如土地、水、矿产等。目前自然环境问题已经引起了世界各国和公众的注意，因此企业也要环保生产，开发绿色产品，采用环保包装等，不要生产会导致严重污染的产品，不然需为治理环境污染付出一定的代价
科技环境	指科学、技术。毫无疑问，科技是巨大生产力，影响着社会的方方面面，革命性的技术甚至能颠覆传统行业，对营销更是影响深远。要善于运用科学和技术为自己服务，利用高科技产品来营销往往具有事半功倍的效果
政治法律环境	当前的法律和政治上对营销的规定，是各项营销活动的准则，尤其是对外营销中，更是要格外注意相关的规定和要求，切勿做出与规定、要求不符的行为

2. 微观环境

主要指市场环境，其由如表 2–5 所示的几个方面组成。

表 2–5　微观环境的组成

组成	内容明细
企业环境	指企业自身的经营情况。如果是拿着项目进行融资，融资后才创业的创业者，则要了解自身的优势、项目的优势

续表

组成	内容明细
竞争环境	目前市场上同类产品以及相似产品的竞争。了解竞争环境，才能“对症下药”，找出竞争获胜的方法；投资者每天要看很多的项目方案，如能了解竞争企业的营销策略，尤其是竞争企业的规模和能力、对产品的依赖度、资源来源、供应渠道、项目优势，如此才能做到知己知彼，更高效地营销项目
消费环境	指消费者消费习惯、消费水平等。产品唯有获得了消费者的认可，才能赢得市场

通过对宏观环境和微观环境的分析，企业就可以判断出项目营销是否科学合理。不符合之处越少（法律政治上的原则问题除外），则项目越容易成功，而且可以越早发现不符合之处，纠正的代价越小，损失也越小。

对于创业者来说，除了尽可能纠正项目不符合宏观环境和微观环境的条件外，由于自身资金匮乏，还需找到能为项目顺利实施提供资金的人，即投资者。

有人将营销归纳为“6R 模式”，即在合适的时间（Righttime)，合适的地点（Rightplace），以合适的售价（Rightprice）以及合适的方式（Rightpattern），将合适的产品（Rightproduct）推销给合适的消费者（Rightcustomer）。为项目寻找投资者则是在合适的时间、地点，用稳妥的价格和方式，将项目推荐给投资者。

经过上述准备阶段后，项目营销则可以展开下一个阶段的工作，即进入搜寻阶段。

搜寻阶段

不同的投资者对项目类型的选择是不同的。有的投资者偏好投资高科技领域，有的则偏向于传统领域，有的偏向于股权入股，有的偏向于初创企业等。总之，投资者有自己的投资偏好和投资方式。要想融资成功，企业需要花时间了解各家投资者的偏好，根据自身项目的资源、特色等进行判断分析，找出对项目最有兴趣的投资者。

接触、谈判阶段

与投资者接触，谈判，说服对方投资，其难度不亚于当初寻找好项目。尤其是创业者缺乏与投资者沟通、谈判的经验，即使事前准备了很多战略方法，但在谈判过程中可能因为怯场而无法使用，导致融资失败。不过也有很多创业者初次融资就成功的案例。原因在哪里呢？因为投资者相信投资他们会获取成功。

投资者投资的目的当然是为了赚钱，不过有经验的投资者心里清楚，在他们投资的十多个企业里，很多都会失败，而其中的一两个企业会给他们带来丰厚的投资回报，他们不会放弃那些能带来巨额投资回报的项目。除了对项目本身以及企业的要求外，投资者在项目选择上对感觉的依赖很大。

所谓感觉，其实是一种情感倾向。正是这种倾向促使投资者相信融资的人。投资者之所以觉得对方“行”，是因为相信梦想的力量。一个拥有梦想的创业者是投资者苦苦寻求的“千里马”。当初孙正义相信马云的梦想而投资阿里巴巴，后来所获甚丰，这就是梦想的力量。

古往今来，多少伟大的奇迹都是由一个梦想为起点创造而成的。当乔布斯在车库里组装电脑时，虽一贫如洗，无人相信，但正是凭借“发明一项改变世界的东西”这一梦想，乔布斯在无数挫折里重新站起奋斗，最终成就了苹果公司商业王国。不论个人还是企业，梦想是最神奇的营养，它有着源源不断的能量让个人成长，让企业成功。这就是投资者被一无所有、只是拥有梦想的创业者所打动的原因。正如乔布斯所说：“追梦，造梦，逐梦。”追梦即拥有梦想，造梦即靠近梦想，逐梦即尽力去实现梦想。

对并无太多资源的创业者而言，想要从投资者那里获得融资，则可以采用阐述梦想的方式：企业在将来会成为一个市值数亿、数十亿的上市企业，并阐述实现这种梦想的可能性，从而打动投资者。

如果你经常出国旅游，那么可能会使用到 Airbnb。Airbnb 是一个提供旅行房屋租赁的服务型网站。居住在从 Airbnb 上租来的房屋，就像是在自己家那般自在。相比酒店，它给予人一种家的温暖、舒适。Airbnb 项目自推出以来，仅在 2011 年，就令人惊讶地获得了 800% 的增长。假设当初 Airbnb 创始人跟投资者见面，创始人如果不懂得用梦想去打动投资者，那么则可能会这么阐述自己的项目：

“仅仅在美国就有几百万家庭的房屋空置着，更不用说全球范围内了，而这些拥有空置房屋的家庭很希望用这些房屋来赚取额外的收入。从酒店行业的高盈利来看，这是很有市场前景的。我们只要从酒店客户中吸引一部分过来，那么，我们所获的利润将是巨额的。”

坦白说，这种阐述方法并非不好，而是缺少了一种激情，缺少了让人信服的理由，没有善于利用梦想去打动投资者。幸运的是，Airbnb 并未采用上述方法阐述自己，而是善于利用梦想来推销自己。Airbnb 是这样阐述的：

“Airbnb 可以帮助人们过上另外一种更富有的生活。人们可以用闲置的房屋来赚些钱，这样他们就有时间跟子女在一起，或者是有闲钱去旅游，或者积攒退休金。我们能将那一间间无人居住的房屋改造成租屋。为何我们能够在将来成为一家市值几百亿美元的大公司呢？Airbnb 的优势在于不用经营实体酒店，然而我们的客户数量比希尔顿的全球连锁酒店客户数量要多得多。我们代表着旅游业的未来。”

这样的阐述很让人激动！在投资者听来，会觉得这家公司成为数百亿美元的大公司并不难，因为 Airbnb 代表着未来，投资者很容易被打动而决定投资。眼下 Airbnb 已经数次融资成功，发展快速。Airbnb 已获得巨大的成功，在全球三万多个城市里拥有百万左右的房源，已为全球客户提供了三千万个晚上的预订服务。

由上述案例可知，让投资者相信梦想的价值，是最容易打动投资者并获得融资的方式。这种项目影响方式也是最适合创业者的。阐述梦想，让投资者想参与到实现该梦想的过程中，让投资者相信你：“是的，我之所以投资，是这个项目有很大的潜能。我愿意助他一臂之力。”

项目营销需要很强的综合性技能，包括营销方案策划、谈判技巧等。但是也有捷径可行，就是阐述梦想，用梦想打动投资者。阐述梦想一定要在具有实现可能性的基础上，否则在投资者看来不过是“夸夸其谈”，更不用说去肯定“梦想”的价值。拿到融资后，更要本着对投资者负责的态度去实施项目，这样彼此才能长期合作，互利共赢。

创业者，如果你手中正好有合适的项目，但却苦于无法获得融资，不妨阐述自己的梦想，以此打动投资者，以便解决资金短缺的难题。

2.3 按需融资：小心贪多嚼不烂

传统经营模式如同小米加步枪，如果能融到雄厚的资金，企业发展就像是有了双翅。“翅膀”的力量是巨大的，轻轻一扇就能在行业中掀起一阵风浪，促使行业进行大规模的重组、兼并、合资、收购等。最优势的资源全因为资本而聚集在一起，社会资源能得到最合理的分配和运用。可以说，在前三十年的改革开放中，企业竞争依靠的是“产品和机会”，而迈入后改革时代依靠的则是“资本加技术”，资本的作用越来越重要。

多少企业因为无法募集到资金，不得不痛失市场；多少企业又因为财务困境而举步维艰；多少企业因为缺乏资金，无法开展新业务、新项目，错失企业改革最好的时机。对于创业者来说，资金的作用十分重要。融资成败在一定程度上影响着创业进程，但任何时候，资金都并非越多越好，因为资本是逐利的。可以说，所融到的资金是把双刃剑，用得好能达到双赢，运用得差，则可能反噬自己。

融资和婚姻相似，虽说世上有无数的男人和女人，但是真正的另一半则难以寻觅，因为这里有个原则叫“合适”。合适是个很简单的词语，然而要做到却有很大难度。就像世人总是感慨难以遇到另一半，企业也总是难以融到适合需求的资金。

在现实中，因为融资过多而导致企业盲目扩张，导致企业经营困难的例子不在少数。融资过少，虽满足了企业一时的需求，但过不了多久企业就会陷入财务困境，需再次融资。这让外界尤其是投资者不禁怀疑企业的能力，对企业的信誉带来一定影响，增加再次融资难度。以至于有企业家感慨：融资路上处处是陷阱。而要融到合适的资金，则首先需要量化融资需求。

量化融资需求这项工作需要很强的技术性，需要熟稔融资各方面知识、财务制度管理知识，能从整体上掌握企业现状等。如果融资却不能明确说出融资额度、归还时间和方式，说不出最高能承受的融资成本，在投资者看来，这家企业的财务状况无疑糟糕透了，让人难以对这家企业有投资欲望。

融资需求量化

1. 量化融资需求的必要性（见表 2–6）

表 2–6　量化融资需求的必要性

必要性描述	
必要性描述	量化融资需求是融资工作的一部分，融资需求决定融资规模的大小、企业要投入相应的人力与物力等
	融资渠道，融资工具的选择依赖于融资额度，否则很可能“缘木求鱼”。如企业融资需求很大，又缺少价值高的抵押物，而选择典当融资，这种行为只会造成企业人力、财力的浪费
	用最少的成本谋求最大化利益。融资额过多或过少，都会一定程度上让企业利润受到损失
	维持企业信誉需要。能提出合理的融资需求代表企业有较强的财务管理能力、管理水平
	为选择融资服务机构提供依据
	合理的融资额会让投资者觉得专业，可靠，增强说服力

2. 量化融资需求的工作内容（见表 2–7）

表 2-7　量化融资需求的工作内容

确定融资性质	需要的资金是债权性质的还是权益性质的，两者区别很大，后续的融资工具以及融资渠道也将由融资性质决定，融资成本、风险、企业要投入的人物力、融资方案等不一样，要根据性质来判断
融资的数额	多少资金能够更好地满足企业的需求
融资的用途	融资是有成本的，因此要流动起来创造收益。资金用途可能影响到投资者的决定。合理的用途会增加融资成功的几率，反之，则降低融资成功的几率
所使用的期限	未来需要使用融资的时间，对投资者来说，期限越长，则风险越高
企业自身的资产现状，未来盈利状况	企业自身资产越丰厚，未来盈利越好，则有融资的必要。对于创业者来说，由于资产有限，只能从增加魅力、能力以及未来较好的盈利能力着手
还款能力	投资者很看重这点，关乎资金的安全
融资成本	企业能承受多高的融资成本

确定融资的性质

所谓确定融资的性质，指的是所融到的资金是应归纳于借钱这方面，还是引入投资者方面。这取决于企业的志愿。对于很多企业家来说，融资就意味着借钱，尤其是初创者，他们对融资缺乏认知。在他们的印象里，向投资者融资和向传统银行融资并无太大的区别，都是需要支付成本的。

很多企业家不愿意引入投资者，是因为不想与人合伙，怕麻烦；在传统文化里，合伙做生意，因双方意见不合而导致企业经营困难的例子不在少数；也有很多企业家不想让企业的控制权落于他人之手。这都凸显他们对债权性资金和权益性资金缺乏正确的认识。

当然也有一部分企业家是基于企业目前现状的考虑：企业发展前景良好，盈利空间广阔，只是暂时缺少资金，不想分享利益。

这两种引入资金的方式并不存在哪种方式更好，而是企业要根据自身现状，具体情况具体分析，选择最合适的。

这里要提一下，创业者不要固守旧念，不要认为引入投资者会分散对企业的控制权，而要着眼于企业前景，创业的目的是把企业做大，创造更多的利润。一个芝麻再大也不如西瓜。如果和投资者一起能把企业做大，做成“西瓜”，那么即使投资者分去一半的利润，也比原来的“芝麻”利润要多。

引入投资者有什么好处呢？主要是资源整合，创造更多利润。其常见目的如表 2-8 所示。

表 2-8　引入投资者常见目的

引入资金	这是最常见的。雄厚的资金是企业发展的“加速器”
资源互补	比如有的企业引入具有某项专利技术的人才，有的企业则引入在管理上具有独特风格的管理人才等，主要是资源互通有无，实现优势互补
风险共担	能够降低创业者的风险
减少决策失误	虽说引入投资者降低了决策的效率，但多听听不同意见，对企业的发展是很有好处的，也能完善企业管理制度

融资的数额

融资需求数额总量的计算

关于企业融资最常见的状况是：企业陷入财务困境，急需资金缓解，所以决定融资。这是典型的“临时抱佛脚”。对于融资数额更没什么确定的数字，弹性非常大，甚至有的企业根本不需要融资，只是有些外借账晚几天到账；有的企业刚融资，不久后又再次融资，短时间内需多次融资。这些常见的融资状况表明企业没有科学地融资。根据企业现状，企业所需的资金额会有个限度，不是无限多，也不应过少，两者之间存在一个合理点，这个点就是企业应融的资金数额。

企业应按需融资，融资过多过少都是对投资者的不负责，对企业自身的发展也是极为不利的。唯有按需融资，才能募集到合适的资金，不会因融资过多造成浪费，也不会因融资过少影响企业正常运营。就好比一个人的饭量，本来两碗米饭正好，三碗米饭则容易撑着，一碗米饭又吃不饱。

唯有算出融资需求数额的总量，才能对这笔资金的使用进行规划，避免东边运用资金过多而导致西边资金匮乏的情况出现。它是企业制订融资计划的基础。

常用的计算资金需求量的公式：

资金需求总量＝流通性资金需求＋投资性资金需求＋企业需偿还的贷款资金需求

其中投资性资金需求包括范围很广：建造厂房、购买设备等属于固定硬投资；收购企业、为获得某种资质而投资属于运营投资；购买土地、办理银行承兑汇票所需的费用属于融资类需求等。

一般来说，企业的融资通常指的是外部融资。外部融资和资金总需求是不一样的，很多企业将两者混为一谈，这会给企业运营带来一些不良影响，如表 2-9 所示。

表 2-9　混淆外部融资和资金总需求带来的不利影响

1	过多地关注外部融资，忽视了内部融资，增加融资成本
2	造成资源浪费
3	对企业财务造成困扰

常见的外部融资数额公式有：

外部融资数额＝资金需求总量－内部资金来源

内部资金 = 亏损 + 经营负债的增加 + 预计增加的留存收益

企业不应忽视内部资金来源，尤其是融资成本居高不下时，内部融资具有风险小、成本低、自主性强等特点，有时是企业融资的最佳渠道。不过对于创业者来说，在自身没有优质资源的情况下，即使向家人、朋友、同事等募集资金，所得也有限，较大的资金需求还得靠外部融资来满足。

融资的用途

在向投资者阐述融资计划时，要说明融资的用途。对于资金的用途，投资者是非常关注的，它决定了所投的资金是否能获得收益。对于那些只关注融资却不知其用途的企业，投资者往往并不待见。

企业融资前，也需先对融资的需求进行量化。一般来说，资金主要分为三大用途，即流通性资金、投资性资金和还债性资金，如图 2-2 所示。虽说企业资金的用途是多种多样的，但大体都离不开这三大用途。

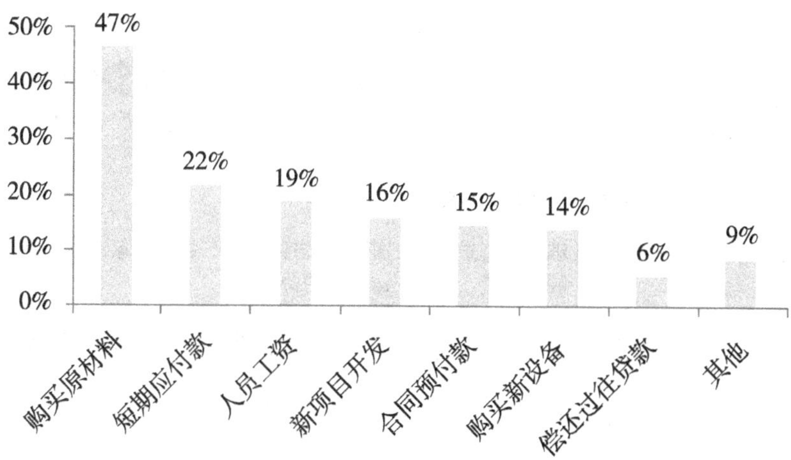

图 2-2 融资的用途

1. 流通性资金需求

主要指用于日常运营的资金需求，常见的有：

· 维持生产经营的需求；

· 支持各种费用开支；

· 新项目开发；

· 企业规模扩张，需更多用于流通的资金。

2. 投资性资金

主要指各类用于投资的资金，是企业使用最多的一类，这类资金又可以细化为固定资产投资、融资类投资、运营类投资及投机类投资。

（1）固定资产投资。指建造和购置固定资产的经济活动，包括更新固定资产（如设备升级）、改建、扩建、新建等活动。

其按照工作内容和实现方式可以分为建筑安装工程，设备、工具、器具购置，其他费用三个部分，如表 2-10 所示。

表 2-10　固定投资资产的组成

组成	内容明细
建筑安装工程	指各类建筑物（如厂房）的建造工程，以及设备、器具等安装工程
购买工具、设备、器具等	如生产用设备
其他费用	通常在建筑安装工程以及购买过程产生的，除建筑安装工程、购买工具、设备、器具外的费用

（2）融资类投资。指资金运作过程中产生的费用。资金运作是需要有资金基础的，需支付一定费用，有时还需资产基础（用于保证金等）。对于中小企业以及家底较薄的创业者来说，只能通过这种资金运作方式来获取更

多的资金。

常见的融资类投资有：

· 购买土地等产生的费用，用于引入资金；

· 办理银行业务时的费用，如承兑汇票的保证金。

（3）运营类投资。指在运营过程中产生的资金需求，如某些项目在运营期需投入一笔资金才能正常维持运营。

主要常见的运营类投资有：

· 新项目的开发及运营（项目的实施是需要资金的，因而要引入投资）；

· 扩大生产规模，或升级企业的资质，都需资金投入；

· 收购、兼并企业等资金。

（4）投机类投资。这类投资通常属于短线投资、赚差价，具有高风险高收益的特点。

最常见的投机类投资如表 2-11 所示。

表 2-11　常见的投机类投资

常见方式	概述
炒外汇	双向买卖，一天 24 小时皆可交易，每周 5 天。收益高但风险也高
炒有价证券	包括票据、债券、股票等，其中股票最为常见
炒土地和房产	很多企业购入大量土地和房产并不是自用，而是等升值后再卖掉
炒不良资产	不良资产指无法参与企业正常资金运转的资产，如销售商所拖欠的货款，企业所生产的积压物资等，可以通过低价买进高价卖出来赚取差价

考量企业偿还贷款的资金来源，主要看企业的经营现金流量。

固定资产折旧、无形资产以及其他资产摊销费是企业的费用，都不是付现成本，因此企业可以节约可动用经营现金流量，用于偿债。

融资期限和企业还款能力

1. 融资期限

它是指企业拥有融资使用权的期限。融资是具有成本的，并且和融资期限有直接联系。企业在决定融资期限时常常将它与融资成本联系起来，即融资成本很低时，则融资期限越长越好，反之，则越短越好。对于投资者来说，若资金投资对象信誉好、实力强，项目盈利前景好，则倾向于融资期限长些，反之，则短些。

融资期限的长短通常与融资的用途和企业还款能力有关。当然，企业能否明确精准把握融资期限，是企业内部管理水平及财务管理水平的体现。其实投资者对于融资期限的关注倒还在其次，他们最关心资金的用途是否合理。

企业应在融资期限内按时还款，这对企业的信誉至关重要。对于创业者来说，要想获得较长的融资期限，则需在项目上下功夫，让投资者有信心。

2. 还款能力

还款能力是投资者最关心的问题，它直接决定了投资者能否按时收回资金。还款来源的确定不止是对投资者负责，也是企业控制融资风险的重要措施之一。在还款来源的确定上，企业应考虑到下面几个问题：

· 所融到的资金能否创造足额的利润？

· 企业有没有可以用作抵押的资产或者变现的资产？

· 企业未来是否有其他融资入账？

· 应收账款能否稳定按时到账？

· 是否有其他稳定的资金来源？

其中可抵押的资产包括企业的流动资产、固定资产（包括厂房、土地）、无形资产（包括商标、专利）等，企业自身的股权以及对外的投资也可以计算在抵押资产里。不过投资者最喜欢的抵押资产是土地、厂房等不动产。

企业自身的资产现状、未来盈利状况

企企业的资产可以分为流动资产和非流动资产两大类。

· 流动资产主要包括：货币资金、存货、应收款项、应收票据、应收投资盈利、金融资产、其他流动资产等。

· 非流动资产包括固定资产、无形资产、在建工程、土地、厂房、房地产投资资产、长期股权投资、长期应收款等。

对企业的流动资产和非流动资产进行全面而细致的分析，明确自身资金的缺口以及可以变现的资产，有利于提高企业的财务管理水平。对资产现状有清晰的了解，企业就有了底气，在融资时就能做到有的放矢。

未来的盈利状况是企业能否长期发展的关键要素，也是投资者关注的重点。未来预期盈利能力强的企业更容易获得投资方的青睐。

对于创业者来说，融资颇有些“空手套白狼”的意味，即只有好项目却没有资产基础，靠项目的优势来说动投资者，获得融资。

融资成本

资本是逐利的，融资前应考虑一下企业所能接受的融资成本有多高。尤其是当资金处于卖方市场时，融资费用是很高的。前面讲过融资成本包括融资费用和资金使用费（详见 1.2 节）。

对于中小企业来说，尽量提高融资效率，降低融资费用，不要盲目融资。如果自身没有经验，可以委托专业的融资机构。在不同的融资渠道和融资工具之间找出最符合企业的且成本最低的。

由此可见，融资是项复杂的工作。虽然资金对企业的发展很重要，但一定要按需融资，不要漫无目的，尽量把成本控制在合理的范围内。不然成本过高，就会拖慢企业的发展速度，甚至危及企业的发展。

创业者不要觉得自己属于“空手套白狼”，就尽可能融更多的资金，先不说能否过投资者这关，即使过了，到时无法按时归还资金，无法支付融资费用，那么所付出的代价就是企业信誉，信誉比资金重要多了。所以，为了避免未来出现这种情况，创业者应在融资前算笔账，按需融资。

2.4 融资时机：好风凭借力，送我上青云

西方寓言故事里有这么一则故事：讲述的是一位哲学家不懂得把握时机而错失爱人。

某天，哲学家正在读书，突然传来一阵敲门声。他打开门，发现外面站着一位漂亮的女郎，哲学家一直对这位女郎有好感。女郎没有进门，只是有些拘束地站在门口说：“让我做你的妻子吧！错过我，你再也找不到比我更爱你的人了。”言罢，脸颊一抹绯红，说不出的动人。哲学家很心动，但仍回答说：“让我考虑几天再说吧！”

女郎走后，哲学家用研究学问的精神研究结婚和不结婚的优劣势，结果却发现两者各有优劣势，好坏均等，哲学家陷入困扰中。他思考了一天又一天，最后终于做出决定——我应该跟她结婚。

哲学家来到女郎家里，见到女郎父亲，他问：“老伯，你女儿呢，我想清楚了，我要跟她结婚。”女郎父亲冷漠着说：“你来晚了，我女儿在六个月前就已嫁人了。”

女郎父亲的话像是一声惊雷在哲学家脑中响起。他整个人差点崩溃。他万万没想到，自己引以为傲的头脑和智慧，竟然让他错过中意的女郎。此后，哲学家郁郁寡欢，再也无法思考，相思成疾。临终前，他对弟子说：“人生

最重要的是什么？”

弟子回答说：“事业成功。”

哲学家摇头：“不对，是把握时机。如果你有机会，一定要毫不犹豫去抓住它，不要让自己后悔。”说罢，哲学家带着遗憾离开人世。

在时机面前，哲学家不懂得把握，结果白白错过心爱的人，懊悔终生。如果他把握时机，不犹豫，那么必然会爱情得意，婚姻幸福。所以当时机来临时，不要犹豫，要果断出击。《三国演义》中，如果司马懿面对一座空城，没有犹豫，而是把握时机，大举进攻，则能彻底击败诸葛亮。刘邦在鸿门宴上，如果没有趁着上厕所的时机偷偷溜走，那么也不会有后来的大汉王朝。由此可见，把握时机的重要性。做人如此，管理企业也是如此，融资更是如此。

融资要考虑融资时机，要考虑融资机会。融资机会指对企业融资有利的环境和时机，在这个时候进行融资，成功率非常高。所谓把握融资时机，即要寻找企业内部条件与外部环境相适应的机遇，果断出击，这就需对影响企业融资的各种因素进行综合分析。

因此，所谓把握融资时机，即企业用最小的成本来实现融资需求，并且能使融资得到较高收益。把握融资时机一般要从以下几个方面考虑。

行业大环境

融资不是简单的白纸黑字签订合同那么简单，有很多的技巧。即使是融资基础条件完善，项目盈利市场前景良好，地利人和，也有可能会融资失败。

因为这里并没有考虑到时机。融资时机好，那么则容易吸引优质的投资者。

时机的重要性不言而喻。如果在2005年做太阳能行业的融资，那么有很多投资者供选择，而现在创业者要是再拿着太阳能项目去融资，十有八九会失败，这是因为太阳能的行情已经过去了。在大行情下，把握时机，确实很容易拿到融资。然而一旦错过大行情，那么融资难度非常大。

大行情时期，投资者有时会主动寻找相关企业，因为这时投资获利的可能性非常高。这就是大环境带来的影响。当某个行业属于大行情时，能短时间内聚集大量的资本。先投资先收益，后投资只能获取微薄的利润，甚至无利可图。

2010年团购概念出来后，很快吸引了大量的投资者。有的企业甚至刚提出团购项目，团队还在搭建中，就有投资者找上门来要投资。这时融资成本会非常低。

然而过一段时间后，由于获得融资的团购企业过多，彼此间竞争激烈，各种成本（如销售成本、宣传成本、竞争成本、人力成本）等逐步上升，团购市场利润减少，这时，投资者开始慢慢退出团购行业。再过一段时间后，团购行业要想拿到融资，难上加难。

融资活动虽然还受到企业的影响，但与整个大环境相比，企业对融资环境的影响是微乎其微的。企业只能顺应大环境，而无法左右大环境，因此融资必须发挥主动性，做到顺势而为，才能增加融资的成功率。

企业的发展阶段，利好消息

从人的成长历程来看，有婴儿期、幼年期、童年期、青年期、老年期。公司的发展也是如此，有初创期、发展期、成熟期、停滞期、二次创业期。在不同的发展阶段，所需关注的重点是不一样的。

在初创期，企业应依靠团队力量，不过多地依赖融资手段，而是凭借自身的力量去获得市场，谋取财富。这个时期，正是证明企业的产品或服务是否优质的时期。要不断地实践，反复经历市场考验，这样才能打造团队的能量，并根据市场需求不断调整产品或服务的不足之处。

在产品获得市场认可后，企业商业模式和盈利模式都可行，能获得相应的利润。发展阶段急需资金扩大企业规模，“借风才能高飞”。不过仍有一部分企业家坚持传统观念，即通过自身的盈余来扩大再生产，由一个小雪球慢慢地滚成一个大雪球，其实这种方式已经落伍。在目前激烈的竞争环境下，一个企业的产品在获得市场认可后，却不融资以大力发展生产，必然会被竞争对手赶上。

因此企业应根据自身所属的行业和企业现状，选择相应的融资渠道，找出最适合的投资人。为此，企业需对产品或服务进行包装，做好融资计划书，与投资人谈判、沟通，直至达成合作，借助资金的力量实现“高飞”，从激烈的竞争中脱颖而出。

有很多企业家认为企业目前资金充足、运营良好，不需融资，此观点是不对的。企业家应做的是明确企业何时会需要资金，做好财务预测。不然，等到企业缺钱时再去融资，此时主动权掌握在投资者手里，对企业融资很不利。投资毕竟是生意，不能指望投资者雪中送炭。

所以企业自身选择融资时机非常重要。过早融资，投资者看不到盈利，便会保持观望态度。最适合企业融资的时期，是企业有了小阶段提升，有了能够盈利的项目。也就是说当企业有利好消息时，是很好的融资时期。因此，经常会听到那些成功企业家说："要在企业状态最好时融资""要在企业最赚钱时融资"，就是这个道理。

金融环境

要时刻关注国内外的各种利率、汇率等金融信息，当有利好消息时，投资者则倾向于投资获利。金融环境还受到国内经济发展状况的影响，若经济低迷，大多数投资者都非常谨慎，对各类投资项目持观望态度；若经济发展状况良好，且上升趋势明显，多数投资者都会选择合适的项目投资，以便于分享经济发展带来的红利。

企业要合理分析和预测对融资有影响的各种有利或不利信息，及未来可能会出现的趋势，这就要求企业融资决策要有超前性和预见性，寻求最佳融资时机，果断决策。

懂得变通

在融资时有一点不能忽略，即融资方式的特点。不同的融资方式所具有的特点不同，对融资的影响也不同，企业要注意到这点，不要因小失大。同时企业要根据自身现状，在合适时机推出合理的金融决策。比如在某些时候，

企业可能不适合发行股票融资，却可以通过银行贷款得到融资；有时企业不适合进行股权融资，却可以通过风投得到资金；有时企业在某个地区不能进行信托融资，但在别的地区却可以。

一个人走在路上，有时候要懂得转弯，不然就会撞得头破血流。融资路上难免会遇到各种预想不到的困难，以为“山穷水复疑无路”，然而只要懂得变通，懂得换个融资思路和方向，说不定困难会迎刃而解，千万不要在该“转弯”或变通时，食古不化，固执己见，这将会降低企业融资效率，大幅增加融资成本，还很可能导致融资失败。毕竟，投资者是根据企业的条件来决定是否提供融资，不符合融资条件的企业，再坚持，再固执，也不过是做无用功。

掌握融资时机是融资成功的诀窍之一。企业掌握融资时机应从上面几个方面着手。不过除了这些因素，还有些自身因素。自身因素对创业者的影响较大，融资需求是基于企业发展战略的，不能孤立地看待，要从整体来看，尤其是在时机选择上。

要把握融资时机，创业者要思考和注意如表 2–12 所示的几个问题。

表 2-12　把握融资时机的关键

自身因素	具体描述
团队是否有懂技术的成员	虽然技术只是影响创业成功的因素之一，但如果团队有个专注于产品、懂技术的成员，那么融资成功率就会高很多。毕竟是产品驱动企业发展。投资者时刻在寻找拥有核心技术、或者能创造好产品的项目
是否有客户	拥有客户资源的企业更容易融资成功。如果创业者还没客户，那么应将重点放在寻找客户上。客户是项目有市场的证明，对投资者来说，重要的不是你有多少客户，而是你的项目得到了市场的认可
是否有商业模式、盈利模式	如果能用图表或者 PPT 直观表示出来更好，让投资者直接看到项目所具有的前景，印象会更深刻，融资成功率也会更高。盈利模式指在利益的基础上划分企业的成本、收入结构，并且有一定的利润。盈利模式是投资者关注的重中之重
是否准备扩建团队，董事会人员增加	融资成功后，企业进入新的发展时期，必然需要大量人手，扩建团队是必须的，也可能增加董事会成员。因此创业者要有心理准备，如果对此还尚未有准备，则说明还未到合适的融资时机
是否已推掉其他工作	创业是艰难的，需付出大量的时间、精力。很多创业者都是一边上班，一边推销自己的项目、进行融资，其实这是不科学的
用在融资上的时间	一个人的精力是有限的，而融资又是一项非常复杂的工作，创业者通常没有融资经验，所以全身心投入很有必要。融资很耗时，一旦准备融资，就需投入很多资源进去，同时还有做好长期奋战的准备
市场前景广泛吗	广泛的市场前景，通常具有巨大的经济效益。市场容量的大小也直接影响着融资的成败。要选择合适的进入市场时机

机会总是留给有准备的人。莎士比亚曾说："好花盛开时，就应采摘，不要等待，否则一瞬间，鲜花就要凋零枯萎，化作尘埃。"杜秋娘在《金缕衣》中也表达了同样的意思：花开堪折直须折，莫待无花空折枝。融资也是如此，要在时机来临时抓住，不要错过了时机而后悔莫及。

创业者要在合适的时机登上融资这趟列车，借助资金的力量，完成创业梦想，或让企业实现"高飞"。融资时机不会等人，只有抓住它，才能带来无限惊喜。

商业模式就是怎样建立企业并从中盈利的一整套方法。

品牌是企业的有形的手，商业模式是企业无形的手。商业模式的核心就是资源的有效整合，其要点为：销售—运营—资本。

商业模式

商业模式设计要点：
1. 是拥有属于自己的生意独立的生意人，要提供具有广阔市场前景的产品和服务，看起来有特色，但潜在市场很小。
2. 你要为你的产品和服务提供保障，你的顾客才可能放心购买，而且还能重复购买。
3. 你所提供的产品和服务一定要强于你的竞争对手，要具有自己的核心竞争力。
4. 你一定要奖励贡献的人，遵循的是多劳多得的原则。
5. 你的生意的成功一定要建立在帮助他人成功的基础之上，是双赢甚至于是多赢的生意机制。

商业模式设计要点：
▶能盈利—几乎没有哪个生意第天就盈利。问题时，需要多长时间才能盈利？把目标的盈利日期写下来。如果超过很久还没能盈利，或者想法解决问题。
▶能自我保护—这些壁垒包括专利，品牌、排他性的推销渠道协议、商业秘密以及先行者的优势。
▶能自启动—创业者最容易陷入的陷阱之一就是试图创造一种不能自启动的商业模式。
▶必须可调整—依赖大量客户或合作伙伴的商业模式远没有可以随时调整的商业模式灵活。
▶有财务退出策略（不是必须）—如果你能创立起一摊生意然后把它卖掉或上市，从你建立起的公司净值中套现。

核心战略五个方面：
1. 以价值创新为灵魂—商业模式的灵魂在于价值创新
①注重虚拟（轻）资产经营。
②加强企业市值管理
③构造企业价值网
④为广义的客户创造
顾客价值
股东价值
员工价值
社会价值
2. 以占领客户为中心—必须立足以客户为中心，为客户创造价值。
▶精心研究客户管理。
▶实施大客户管理。
▶实施客户互动管理。
▶创造新的附加值。

3. 以经济联盟为载体
▶强化供应链管理。
▶打造企业核心竞争力。
▶外包非核心业务。
4. 以应变能力为关键
如果说商业模式决定了企业的成败，应变能力则是商业模式成败的关键。
时间是第一成本
随需而变
个性化定制
5. 以信息网络为平台
▶构造虚拟经济的竞争力—实现了“真实生活”与“虚拟生活”的对接。
▶加快企业商务电子化—空间。
▶推动流程再造

图 2-3　商业模式

1.1 融资思维：生存才是第一要务

企业资金问题具有普遍性，不管是大型企业，还是中小型企业，在某个时间段里都要面临资金问题。资金问题以各种形式存在，企业可能不存在这类形式的资金问题，但却很可能存在另一种形式的资金问题。缺乏资金是资金问题的典型表现。

对于中小企业来说，资金问题还具有长期性，原因如下。

· 中小企业要发展，必然要扩张，而扩张是需要资金的，企业的扩张是一个长期课题；

· 中小企业可持续发展是一个长期过程；

· 中小企业在管理、规模、制度等方面与大企业存在差距，筹集资金不易，缩短与大企业的差距，资金必不可少。同时由于中小企业自身弱小，在融资中处于不利地位，资金问题长期存在。

正是基于资金问题的普遍性和长期性，所以企业经常需要融资。但是融资是有策略的，要循序渐进，最忌一口吃成胖子。为何创业者总是倾向于融更多的资金，原因主要在创业者身上。

原因之一：创业者对企业估值过高，将未来的“可能性”当做现实来估值，导致对企业过于乐观，却忘了这一切目前还只是空想。估值并不需要高深学问，可以参考相似的公司，通过对比，可以针对企业得出一个合理的估值。企业要发展，就要迈出第一步，先吃第一口饭，然后再考虑第二口饭；先融得急需的资金，再考虑下一步的融资数额。对于初创企业来说，有时一蹴而就往往隐藏着极大的风险。

原因之二：打江山不易，守江山更不易。因为融资难度大，创业者们总希望资金一步到位。然而在创业阶段，企业的价值并未明朗，尤其是未来的价值，筹集资金过多必然会稀释创业者的股权。有的创业者进行下次融资时，才发现企业的股权所剩不多。企业发展是阶段性的，其所具有的影响和估值也是逐步提升的，一次融资到位，看起来省事成本小，实际上却赔上了企业未来扩张带来的红利。

所以在创业初期面对资金短缺问题，一定要沉住气，抵制资本诱惑，尽量少融些钱，循序渐进，层层推进。“暴饮暴食”只会导致企业“消化不良”。

如一个人每天都是一斤米饭的食量，假设至少活到七十岁，那么所食用的大米有25550斤，但是人们通常不会将七十年里要吃的大米一次性买足，而是买上几斤，吃完了再去买。企业融资也应如此，别总想着一劳永逸。

第一次融资成功后，企业就相当于有了“身价”，第二次融资会相对容易。在投资领域有个不成文的游戏规则：投资某家企业后，这家企业则“身价”上涨，下一个投资者要用更高的资金才能获得和上一个投资者相同比例或者数额的股份。企业成长需要不断地融资，引入一个个投资者。通常每经过一轮融资，企业的估值就会上升，股价会提高，早期投资者就可以通过股票增值差额获益。

事实上，初创企业在第一次获得融资之后，通常只要满足一个条件，下次进行融资时，企业估值将更高。这个条件就是：企业基本完成或者超额完成和第一位投资者所约定的业绩计划和收益，企业发展趋势良好。

基本上只要没有不可抗力因素出现，比如金融海啸、世界大战等，那么符合这个条件的企业在下次融资时，估值肯定上升。

如图 2-4 所示：可以看出这家企业先后进行了五次融资（A、B、C、D、E），融资数额由 A 轮到 E 轮逐渐增加；融资的时间周期也发生了明显变化，即周期越来越长。价值增值方面：每一轮的融资都有相应的增值部分，早期投资者都有获益。每一轮的投资者都是从这样的增值中获得收益的。而企业的价值在每轮融资中逐步提高，这是个循序渐进的过程，不可能猛地提

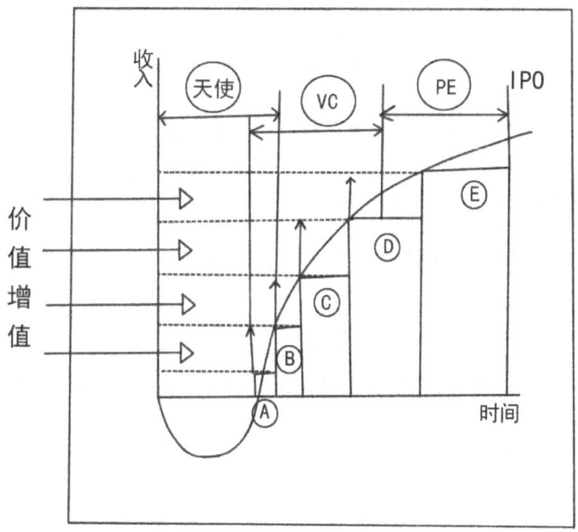

高。“拔苗助长”是没有根基的，对“苗”的成长很不利，最终导致“苗”枯萎。

可以看出这家企业的价值在逐步提升（由投资金额可以推断出），这里用数字来说明：

A 轮融资，融资数额 60 万。（企业估值 120 万，融资后企业价值上升为 180 万）

B 轮融资，融资数额 120 万。与 A 轮融资相距 9 个月。（企业估值为 250 万，融资后企业价值上升为 370 万）

C 轮融资，融资数额 180 万。与 B 轮融资相距 12 个月。（企业估值 400 万，融资后企业价值上升为 580 万）

D 轮融资，融资数额 260 万。与 C 轮融资相距 15 个月。（企业估值 700 万，融资后企业价值上升为 960 万）

E 轮融资，融资数额 400 万。与 D 轮融资相距 22 个月。（企业估值 1000 万，融资后企业价值上升为 1400 万）

通过数字表述，可以看出企业估值一直在上升，这就是多次融资的好处。当然企业融资并不一定是五轮，不同行业不同企业所融资的次数并不是固定的，而应具体情况具体分析，有些企业融资两轮就够了，有些企业则需融资六七轮。不管企业进行几轮融资，重要的是要循序渐进，一步一步来，要留出与企业一同成长的时间，踏踏实实地一步步将企业的价值提升。

假设这家企业 A 轮融资就融到足够多的资金，把五轮融资的钱都融到了会怎样呢?

（1）A 轮融资过多，远远多于企业所能消化的资金量。要融到这么多的资金，企业需要付出很高的融资成本或者是股权被稀释得厉害。对于投资者来说，所付出的投资成本是高昂的，尤其是风险成本，万一企业发展遇到挫折，投资资金能否获益还未可知。

（2）A 轮融资时，投资者投入数量如此多的资金，那么 B 轮融资时，下一位投资者该如何投资？很可能根本找不到投资者，因为利润微薄或无利可图。就是说即使 B 轮有投资者投资，也不过是和 A 轮的价格差不多，这样在 A 轮和 B 轮之间几乎无升值空间了。当投资不能获利时，谁还会投资呢？何况还是如此庞大的资金量。

所以企业融资应小步快跑，层层推进，不可一口吃成胖子，把自己给撑着了。要通过调研后，找出企业所需的合理资金数额，不要过多也不要过少，让资金实实在在用在刀刃上，获得最大化收益。

郑海涛在大学时期就有了创业梦想，但直到六年后，他才觉得机会成熟了，振翅高飞的时刻到了。他辞了职，带着满腔热情和一份商业计划书北上创业。

创业路上总是泥泞遍布，首先就是资金问题。郑海涛找到了志同道合的小伙伴，募集资金，再加上工作六年积攒的 60 万元，凑齐了 100 万元的资本金，注册了一家科技有限公司。接下来一年，郑海涛和伙伴们热情投入产品研发中，但 100 万元还是很快花完了。

第二年，产品尚未研究出来，企业账上却一分钱都没有了。郑海涛不得不进行融资。然而由于产品尚未推出，他找了二十多家风险投资公司，却一无所获。主要是由于产品太高端，而且还有个华为做竞争对手，投资者对产品的未来前景心存疑虑，所以不敢投资。

郑海涛简直要崩溃了。企业员工已经很久没发工资了，但他只能咬紧牙继续在融资道路上奔波。幸运的是，上天不负苦心人。清华创业园看中了产品的潜力，决定投资50万元。有了清华创业园的投资，其他两位投资者也决定投资。这一次郑海涛总共融到210万元资金。

数月后，产品研发成功顺利上市。产品在市场营销上并未遇到太大的困难，很快在全国多地打开了市场。

首次融资成功和产品得到市场的认可后，这家科技公司的估值逐步上升。有家企业决定投资200万美元，对于当时的郑海涛来说，这无疑是笔巨款，但是接受融资后，对方将取得对企业的控股权，郑海涛拒绝了。对于融资他有自己的原则。

“对我们来说，投资者最好能满足四点。一是能够带来资源；二是投资者要有风险意识，能与企业共同承担风险，而不是遇到难处就逃之夭夭；三是投资者要有长远眼光，要能够长期投资、战略性投资；四是企业要掌握控股权。”关于投资者的选择，郑海涛这样说。

在首轮融资，郑海涛看中的并不是对方的资金，而是对方能够长期投资，并能在法律、IPO上提供帮助。为了把融资对股权稀释的风险减到最少，郑海涛提出了“小步快跑，层层推进”的融资策略。

具体来说，即企业价值100万元，那么就融资100万元；这样企业的价值就会提升，再进行融资；一步步，层层推进，企业的价值越来越高，而层层推进的融资策略最大程度上保护了郑海涛对企业的控股权。

经过三轮融资后，郑海涛的股份也只是由60%降到了40%左右，仍是企业第一大股东。

“‘小步快跑、层层推进’的融资策略是基于我们对企业前景看好的基础上，我们相信企业会不断地升值。”郑海涛说。

郑海涛打算第四轮融资融取1000万元到2000万元，这样一来，企业就能达到上市的条件。郑海涛说：“我很有信心带领企业成功上市。”

创业者在融资时，应从投资者的角度来考虑，如果你是投资者，你希望获得多少倍回报？5倍、10倍还是20倍，甚至更多？这并不是不可能，要知道苹果公司最初的投资回报达1700倍。另外，创业者也要针对企业控股权考虑一下，是否要拥有对企业的控股权。

融资虽难，但也不要一次融太多的资金，而要根据企业现状和价值，多次融资，层层推进，这样投资者和企业才能实现双赢。

PART3

实战：天使＋渠道，快速制胜

融资是企业生产经营的前提，也是企业持续发展的必经之路。无论是研发新产品、开拓新业务，或者是设备升级、提高员工待遇等，都需大量的资金投入。因此拥有畅通的融资渠道至关重要，比如天使投资人、债券融资、私募股权融资、商业信用融资等渠道。

3.1 找到你的贵人：深度解密天使投资人

3.1.1 融资囧途，如何寻找天使投资人是门学问

对于那些完全草根的创业企业来说，天使投资也许是最佳的融资对象了。“天使”在很多人眼中是一个神圣而温暖的名字，对于投资人来说，在自己的企业还完全没有获利能力或者只有一个构想的情况下就获得投资，这样的投资确实能称得上是“天使投资”。

这一切听起来十分美好，但实际上并没有想象的那么容易。并不是每一个创业者在自己最需要资金的时候都能得到天使投资的帮助，从而成就自己创业的梦想，正如很少有人看到天使一样。天使投资也并不是那么容易就能找到的，就算找到了，企业也不一定能获得青睐，从他们那里获得投资。毕竟，投资是一项有风险的市场行为，尤其是向那些刚刚创立的企业投资，风险更大。超高的风险决定了天使投资人在向创业企业提供投资的时候会十分慎重，对企业各方面的要求也会很严苛。一旦天使投资觉得企业不符合投资标准，他们就会毫不犹豫地拒绝为创业者提供融资。

实际上，很多人的天使投资人是自己身边的亲朋好友。亲情、爱情、友情让这些人成为这些创业者的天使投资人。再或是根据国家的相关政策，从

信用机构那里获得扶持性贷款。但很多情况下，这些帮助往往只是杯水车薪，很难解决全部的创业资金缺口。而且除了钱之外，这些投资者无法在企业发展的其他方面为创业者提供帮助。很多不幸的创业者甚至连这样的投资都无法得到，最终因为没有资金而空怀梦想。

这时，创业者就需要专业的天使投资人的帮助。这些天使投资人需要从市场当中去寻找，他们是专业的。专业的“天使”当然与众不同，他们除了提供资金之外，还会为企业带来其他方面的帮助。首先，这些专业的天使投资人都有很强的市场洞察力，他们之所以能为企业提供融资，那是有原因的，但绝不会像前面的那些亲朋好友那样只是出于感情，这些人会永远将市场放在第一位。“天下熙熙，皆为利来；天下攘攘，皆为利往。”当他们决定为你的企业提供融资的时候，那么恭喜你，你的企业可能很有发展前途，因此，专业的天使投资除了能够提供实实在在的金钱之外，还能为创业者带来信心。

综上所述，这些人也许就是一个创业者所拥有的全部天使，再加上创业者本人，成为了这个行业中的全部玩家。因此有人用“4F”来概括这个行业，即 Founder(创始人)、Family(家人)、Friends(朋友)、Fools(傻瓜)，而这些和创业者没半点关系的天使投资人就是所谓的“傻瓜”。但实际上，这些“傻瓜”才是创业者在创业融资甚至整个创业路上最大的帮助者。

比如在资金方面，家人或者亲朋好友往往无法提供太多的支持，尤其是成百万上千万的巨款，更是他们无法承受的。此外，这些人一旦为创业者提供融资，很可能会给创业者的企业发展带来不利的影响。比如有的亲朋好友会借此要求创业者为他们提供工作机会，在这种情况下，创业者于情于理都不好拒绝。一旦安排这些人进入企业上班，公司很可能成为一个家族企业。公私不分可以说是刚创立的企业发展的大忌，这会给企业的管理带来很大的问题，并进一步阻碍企业的发展，甚至导致创业失败。

另外，企业在创业初期，最需要的就是快速开拓市场，而身边的亲朋好友可能没有商业关系网，创业者也很难像普通的工作人员那样，通过规范化的管理和奖惩机制促使他们迸发出强烈的业务拓展激情，为企业的发展快速开拓出一片市场。由此可见，一旦亲朋好友的关系处理不当，不但对创业者的创业无法带来业帮助，还会掣肘无穷。

由此可以看出专业天使投资人存在的必要性，他们才是创业者走向成功的真正的“天使”。这些所谓的“傻子”其实并不傻，他们可不是什么慈善家，而是独具慧眼的高明的投资人。他们所做的就是在众多的创业者中，尤其是那些并不被人看好的创业者中寻找可以投资的目标，然后通过精心打磨，最终将一块别人眼中的顽石雕琢成一块宝玉。随着我国创业热潮的持续高涨，银行等传统融资机构因为融资风险以及融资需求越来越大而倍感吃力，在这一背景下，天使投资在融资创业这一领域发挥着越来越大的作用，成为重要的创业企业孵化器，如图 3–1 所示。

如果创业者有幸遇到一位专业的天使投资人，那么他将是幸运的。因为一位专业的天使投资人往往会具备以下几个方面的能力：第一就是深刻了解投资行业的发展规律，能够确定自己的投资意向并敏锐地发现具有前途的投资目标；第二个就是有过企业运作的经验，明白创业是怎么回事；第三就是

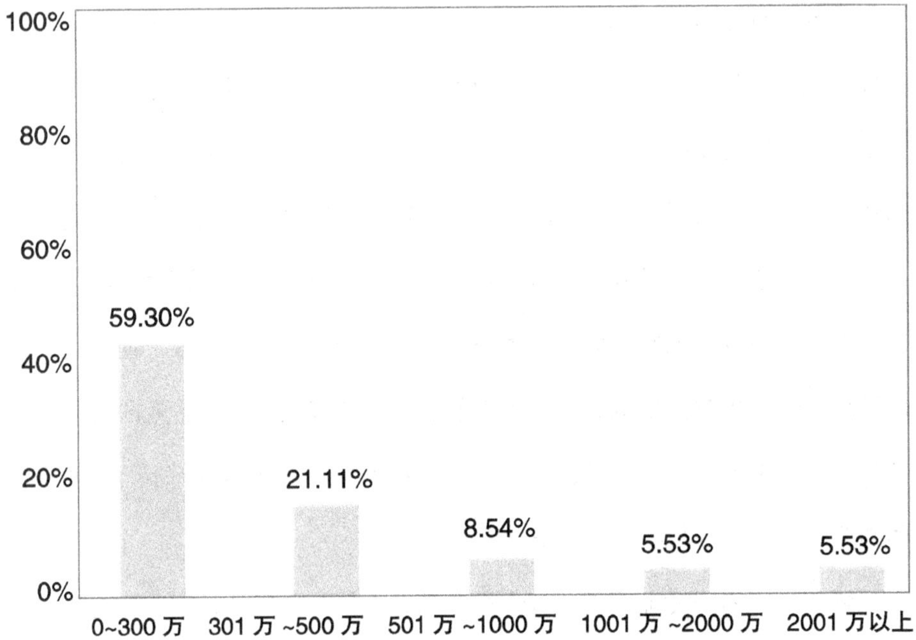

图 3-1　2014 年上半年中国天使投资单笔投资规模分布情况

拥有广泛的商业资源，能够在后期为创业者的企业发展带来专业的指导，并依靠自己的商业资源帮助企业融到后续的资金和开拓市场，确保企业能够顺利发展，最终从中获得投资回报。

创业者和天使投资人本是互利共赢的关系，但在当今社会，创业者和天使投资人呈现出严重僧多粥少的局面，再加上专业的天使投资人的“全程呵护”，使得天使投资人确实不负“天使”之名。

对于创业者来说，在寻找天使投资人作为自己的合作伙伴时，同样要理性和专业，要明白自己的企业需要怎样的天使投资人，因为创业者要想获得成功，有时候不仅需要钱，还需要专业的指导和其他方面的帮助，或者需要更多的钱，这些并不是每个天使投资人都能办到的。由此可见，一个成功的创业融资案例应该是创业者和天使投资人共同选择的结果。

3.1.2 风雨相伴，荣辱共享的天使投资者

天使投资者最早指的是投资纽约百老汇的人。那时观看戏剧的人很少，投资演出要冒很高的风险，百老汇的员工用“天使”一词来称呼那些投资人，表示对他们的尊重。后来就延续到我们所说的天使投资人。

天使投资属于权益资本投资，指投资人对那些具有市场前景的企业进行投资。这些企业要么有专门技术优势，要么有独特的服务，要么有好项目等，总之要让天使投资人有兴趣，相信企业的市场前景。

通常项目要有高额回报，天使投资人才会投资，因为投资是有风险的，他们可能投资十个项目，最终成功的却只有一两个。因此，他们要求高回报，这样才能分担风险。天使投资与风险投资不同，其特征如表 3–1 所示。

表 3–1　天使投资的特征

特征	具体表现
投资金额不大	对风险的审查上也远远低于银行投资，对风险的把控很大程度上要依靠他们个人的主观判断
多方面支持	不仅能给予创业者资金上的支持，在财务管理、产品宣传、市场推销、人才推荐、管理咨询、战略决策上都能给予一定的帮助，所以也被称为是参与型投资人。这样的投资人就相当于一个可靠的合作伙伴。因此，天使投资人无疑是创业者融资的最佳选择对象
天使投资人的身份多样	通常由曾经的创业者、企业身居高位的管理人、比较富有的人（如演员、医生、律师等）、继承祖上大笔遗产的人、对新技术感兴趣的人等组成。但是随着社会发展，天使投资人的身份越来越多样化，可能是创业者的朋友、邻居、供货商、愿意投资的任何人，既可能是本国人，也可能是外国人。当双方相距太远，投资人还可以通过平台来了解项目的前景、了解创业者、合作合同及后续工作

续表

特征	具体表现
额外收获	天使投资人通常具有一定的影响力。对创业者来说，选择与这样的投资人合作能提高企业的信誉，投资人的关系资源可能给企业带来很多便利

天使投资的申请很简单，只要按照一定的流程（见图 3–2），项目获得天使投资人的认可后，便能快速获得资金。

当项目获得天使投资人认可后，双方达成投资协议，那么创业者就能得到创业所需的资金。同时，也多了一个真正关心企业发展的伙伴。投资后，天使投资人会积极参与企业的发展，他们关心企业的战略，为企业提供战略决策；帮助企业招募合适的人才，组建最优秀的团队；为创业者提供管理咨询；为产品设计、包装、推广献策献计；对企业的财务管理提供一些合理的建议；思考企业的发展方向；帮助创业者处理企业遇到的挫折，如执行力问题等。当然这些也因人而异，有些天使投资人喜欢企业氛围，常常跟企业团队一起讨论；有些则提供大方向的战略咨询等。

由此可见，创业者遇到一位合适的天使投资人是多么幸运的一件事，他的参与必然会让创业者感受到“天使般的温暖”。

猪八戒网是我国目前最大最活跃的威客网。威客模式指将人的知识、技能、经验等通过互联网转化为实际收益。猪八戒网每天都有不计其数的雇主下单，然后由威客完成并获取佣金。如今每天交易额突破 1000 万元。

2006 年猪八戒网迎来了天使投资人熊新翔。他为刚诞生三四个月的猪

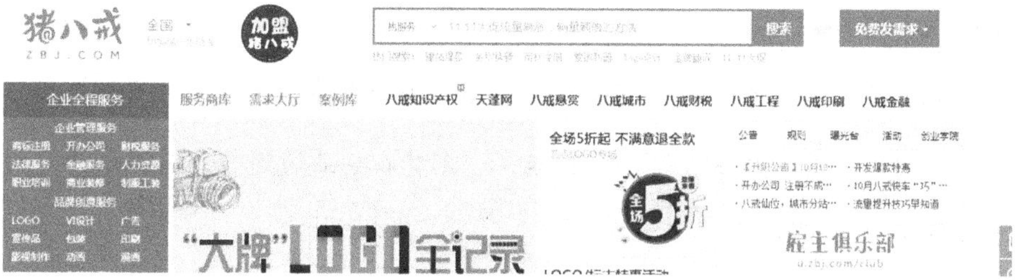

八戒网带来了 500 万元资金。

熊新翔带来的不止是资金，还有自身的经验、能力和资源。在投资不久后的一次企业发展战略会议上，熊新翔提出了两年相对竞争战略。意思是这两年猪八戒网不用考虑收入、用户、交易、业绩等，而要看竞争对手的状况，进行对比，争取将竞争对手比下去，争做行业第一。在雄厚的资金和两年竞争战略下，猪八戒网得以快速发展，用了短短数月时间便将竞争对手甩到身后。

接下来，猪八戒网的战略目标变成了保持行业相对竞争第一的地位，而这一坚持就是近五年的时间。五年后猪八戒网果然没有辜负熊新翔的期望，成为威客领域的第一名。

2008 年，热转印突然流行起来，各种塑胶、玩具、礼品、文具、瓷器等都能通过热转印印上各种图片，一时间非常盛行。猪八戒网要增加这种业务，熊新翔反对，他认为企业与人一样，精力是有限的，要将精力放在最能创造价值的地方。最后猪八戒网试运营了半年热转印业务，虽然能接到很多生意，但由于业务变得复杂，企业有些应付不过来。最终猪八戒网还是砍掉了这项业务，坚定走回主业务的发展方向。在此期间，熊新翔虽然提出一些反对意见，但并没有过多干预猪八戒网的运营，因为企业唯有在挫折磨砺中才能成长起来。

创业难，创业苦，但很少有人关注创业者的情绪。在创业过程中，各种压力及问题都需要创业者一人承担起来。尤其在企业遭遇挫折时，创业者的心情更是难以诉说。

2009年，猪八戒网经过一番摸索磨炼，已是行业第一，但却要面临增长困境，团队很多成员无法承受这种压力而选择离开，创始人的压力之大可想而知。熊新翔也有压力，但他知道，这时只有他能鼓励创始人。于是他给创始人打电话说："我一向看好猪八戒网的前景，未来肯定要比淘宝强大，因为实体商品交易终究是有限的，而虚拟产品交易则是无限的，尤其是人在精神层面的需求无限。在我眼里，你比马云厉害。"创始人对这段话并非完全赞同，但在创业最黑暗的时期，熊新翔的这段话给予他莫大的鼓舞，他瞬间觉得疲惫、压力全都消失了，整个人精神了很多。

由此可见，在企业最黑暗的时期，对于创业者来说，还有什么比投资人的信任更加让他倍受鼓舞呢？合格的天使投资人会帮助创业者走出困境，鼓舞士气，迎向曙光。

后来创始人带领猪八戒网走出这段黑暗的时期，迎来新的发展。2015年6月15日，猪八戒网先后获得16亿元和10亿元的投资，再次迎来新的发展阶段。

从创业初期投入资金支持、投资后提供战略支持、关心企业的发展方向，帮助创业者走出企业发展黑暗的时期，熊新翔用他的行动表明了何谓合格的天使投资人。陪伴猪八戒网一路走来，他的投资增值已超过千倍，是投资者和企业双赢的典型代表。

目前国内关于天使投资的环境并不完善，天使投资人良莠不齐，创业者一定要明白，并不一定是投资者选择创业者，创业者也应选择适合企业的投资者。在面对天使投资人时，一定要避开下面几种类型的天使投资人，如表3–2所示。

表3–2　创业者需躲避的几种天使投资人

投资人类型	具体表现及应对策略
官司型天使投资人	这类投资人并不是通过投资企业获得收益，而是用恐吓、威胁等方式来赚钱，会找各种借口将创业者告上法庭。很多创业者没有自己的律师，在官司上也耗不起，只好选择赔钱了事。万一不幸遇上这类天使投资人，创业者一定要采取法律措施来维护自身正当权利
颐气指使型天使投资人	天使投资人大多都是富有而有教养的人，也不乏其中有些投资人优越感很强，觉得自己高人一等。对创业者颐气指使，挑剔创业者的决策、管理等方面的问题。遇上这类投资人一定要坚持自己的原则
啰嗦长辈型天使投资人	这类投资人通常经验丰富，但好为人师，希望每件事都能亲身示范，这容易对创业者带来极大的负担。创业者要远离这样的投资人，要是不幸遇到则可以让团队里最有沟通的技巧的人与他沟通
野心型天使投资人	野心勃勃的天使投资人，并不甘于只是投资企业，而是采用各种办法控制企业，由他来掌控企业。这类投资人通常具有远大的理想，精力十足，一旦抓住创业者的失误，便会以此为条件要更多的权利。创业者在与天使投资人的谈判过程中，要注意分辨对方投资的真正用意，意图控股的企业的天使投资人，创业者要小心了
假装型天使投资人	这类人通常会假装成律师或者会计师，他们的目的并非是投资企业，而是向创业者收费介绍天使投资人，相当于经纪人。当然，真正的经纪人值得付费获取信息，然而经纪人良莠不齐，提供的信息有真有假，创业者要善于识别
背债型天使投资人	这类天使投资人通常是很活跃的，参加各种俱乐部活动，表面看起来一切都好，但实际上却一身债务。他们会寻找创业者和好的项目，会询问很多问题，但却不会与创业者达成交易。遇到他们，尽量减少与他们会话的时间

表3–2列出了常见的需回避的天使投资人，由于创业环境复杂、天使投资人的组成人员复杂，导致天使投资人的类型也很复杂。因此创业者在寻找

天使投资人时要注意，可以通过向他们提问来辨识。如果“天使”连一些很基本的问题都回答不出，或者是对业务一窍不通，那么创业者就要小心了。因为真正的“天使”必然会关心项目，会进行详细的调查，对项目的背景、前景都了然于胸，不然他们也不敢进行投资，以免资金“打水漂”。另外，创业者不要图快，不要有贪婪心态，不在潜意识里将自己置于不利地位，要保持一颗平常心，按需选择。万一不幸遇到不懂业务的天使投资人，应通过相关策略应对，保护好自身相关权益。

合格的天使投资人虽会为创业者带来很大帮助，甚至全程参与创业过程，不过创业者要知道，天使投资人投资是商业行为，是谋求利益。他帮助你是情分，不帮助你是本分，不要对天使投资人要求过多，索要不合理的资源。而有的创业者很明显忽略了这点，对天使投资人所求过多，导致“天使”心生反感。因此，创业者要明白双方的地位和职责。

创业道路上遇到一位合适的天使投资人无疑是件幸事，他为创业者带来很大的帮助，就像是风雨路上有人同行，相互帮助，风险共担，必会让人心生温暖。

3.1.3 天使伴飞，只有相对独立才能互利共赢

当天使投资人对创业者的项目感兴趣时，双方就会约定见面会谈。事实上，在天使投资人与创业者见面之前，他们就已经通过很多方式了解了创业者。因为投资是有风险的，且他们很喜欢与创业者打交道，扮演导师角色，喜欢看着一个个项目在自己手里获得成功，这很有成就感。

天使投资人为何要与创业者见面，因为投资并不是通常意义上的投资项目，而是投资“人”。这里的“人”指创业者和团队。在传统投资中，投资者在投资后可能派个人去监督，看看创业者是如何使用这笔资金，如此很难建立信任关系。而现在投资则倾向于让创业者保持相对独立性，这是由数十年来天使投资领域无数投资人血泪经验总结而成的。因为他们发现即使有好的项目，但“人”不行，项目多数会失败。而如果选择“人”，即使项目稍差点，其成功率也是很高的。

360创办人周鸿祎认为：任何项目都是有生命周期的，某一个好的创意也可能会经过多次修改，这其中唯有团队是最重要的。所以“天使”会通过创业者的个人兴趣、所做的事情来了解创业者。他们会观察创业者住的房屋、开的汽车、言谈举止，会格外关注创业者的商业经验和企业管理理念，同时也会注意创业团队。团队可以不成熟，但一定要有优点，让“天使”看到潜力，如创业团队的激情、凝聚力、求知欲等。这样的团队虽有缺点，但有成长空间，能跟着项目一起成长。

沟通相对独立

在沟通中，创业者要突出自身亮点，将优点展示给“天使”，用最朴素、最明了的语言来说，而不要“假、大、空”。如为项目贴上各种“高大上”的标签，类似“全国首家”“最优秀创意”“最佳产品”等，或者是夸张谈论如何将项目打造成一个世界知名品牌。要知道，任何品牌都不是靠贴标签得来的，其背后是以资金为基础打造出的知名度、过硬的产品质量及口口相传的口碑美誉。我们可以着重从竞争力、盈利方式、市场前景、团队四个角度来讲，如表 3–3 所示。

表 3–3　与天使投资人沟通的角度

四个角度	具体描述
创业者的竞争力	创业者与他人相比，做项目的优势在哪儿？投资理由是什么？有什么核心竞争力？有什么与众不同之处？为何能比他人做得好？专利和知识产权向天使投资人展示具有的持续竞争力。优势可以是专利和商标、优秀的伙伴、行业知识、销售渠道等
盈利方式	说明将来如何实现盈利？如果不知，那么切忌吹嘘，可以从用户数量等方面着手，让“天使”了解项目的价值及潜力就可以
市场前景	面对的将是哪些客户群，市场有多大，未来增长潜力怎样？有没有其他企业在做相似产品，市场占有率怎样？有其他人在做相同的事情并没什么，不要隐瞒，“天使”主要是看创业者是否对行业市场有个清晰、客观的认识市场增长潜力，这里最好量化市场增长潜力，如每小时卖出多少产品、每月卖出多少产品。如果提供的是独特的服务，那么最好说明每月所能增加的客户，因为服务销售增长通常与客户人数增长直接相关。回答时，可使用可靠的数据资料，增加说服力
团队	“赌马要赌骑师，而不是赌赛马。”要高调介绍你和你的团队的背景和曾经取得过的成就。创业所需的技能是复杂的，通常一个人无法具备，这时团队的作用就突出了。团队里可能有人善于财务管理、有人具有营销才能、有人在设计上很有才华、有人能把握行业趋势等，团队成员的专业能力能否互补，是否有其他缺陷，是“天使”考察的重点团队整体所具备的的优势，其他团队所没有的核心竞争能力，团队的成长前景都要着重介绍

面对天使投资人，创业者虽然是寻求对方帮助，是“有求于人”的，心理上难免会觉得“低一等”，但不要忘记了，“天使”投资项目是希望得到理想的回报。从这点来说，两人是属于均等地位的。投资和被投资是双向的选择。在沟通中，创业者应不卑不亢，在思想上保持独立，如此才能免于受“天使”影响太深，甚至刻意讨好天使投资人。

经过以上几个方面的谈论，“天使”对公司就有个大体的了解，从整体上了解这家企业是否值得投资。这时创业者作为独立的一方，自然也有些问题要问投资人。常见的问题如下。

（1）你对项目哪些方面感兴趣，为什么呢？你对项目最大的担忧是什么？（可以了解天使投资的动机）

（2）你对项目是怎样理解的？你觉得好项目通常具有哪些特点？（判断天使对项目是否理解，这在一定程度上可以衡量天使投资人的诚意）

（3）你能带来什么附加价值？（除了资金外，创业者需要的是一个经验丰富的天使投资人，了解企业从无到有建立的过程，或者能够在研发、营销、销售等方面提供帮助）

（4）你之前投过哪些项目，遇到了哪些麻烦，是如何处理的呢？（通过了解天使的投资经历，尤其是当项目面临困境时天使投资人的处理方法，可以考察天使的风险承担能力以及能否同甘共苦，毕竟创业是艰辛的，难免会遇到挫折，要是半路天使决定退出，对企业带来的伤害很大）

（5）你投资一个项目通常需要多少时间？流程是怎样的？（天使的资金何时会到账，毕竟创业不等人，市场不等人，获得天使投资时间越短越好）

（6）目前由你投资、正在运营的企业有几个？（投资的企业数目多，则天使投资人分身乏术，无法对创业者提供太多的帮助）

（7）投资后，你是如何管理被投资企业的？（对于天使投资人来说，投资只是工作起点。天使投资人对被投企业的不同管理，必然对企业管理带来影响）

（8）是否有提前撤资的先例，如果有，原因是什么？投资的退出方式是怎样的？（主要了解天使是否曾有违约经历，对于多次有违约经历的天使，

创业者要懂得拒绝）

（9）是否独立投资，还是与其他机构合作，或者和伙伴一起投资？（弄清天使的资金来源）

等这些问题都弄清楚后，创业者对天使也有了一定的了解，此时两人的关系就像朋友一样，可以闲聊些其他的。但这时创业者要警惕，越是快到成功时刻越是危险，闲谈中也不要透露太多对企业融资不利的信息，可以稍微泄露一些弱点，增加天使的信任。如不要说自己希望花更多的时间陪伴家人；希望能买豪车出去旅游等，应尽量说一说自己对项目有多投入，是最后一个离开办公室的人等。

融资就是推销，将项目或者团队推销给投资人，这其中免不了要进行沟通，就像是将产品推销给客户那样，是需要沟通的。但在这个过程中，一定保持相对独立，不然创业者将自己置于弱势地位，这对沟通很不利。

管理相对独立

对于天使投资人来说，投资不过是工作的开始。投资后，他们会参与企业的管理，会就企业管理提出自己的看法和建议，甚至有些投资人过度插手企业管理，而创业者又相对势弱，通常来说，投资人掌握管理权对企业发展是很不利的。

对于企业来说，其实没有人比创业者更熟悉，更关心它的发展。虽然“天使”通过投资，与企业建立了一种休戚与共的利益关系，天使经验丰富、能力很强、拥有独到的见识，提出的建议通常也有利于企业发展，但过度插手企业管理，必然会带来管理上的混乱。因此，创业者要保持管理的相对独立。

投资人和创业团队在决策上产生分歧是很常见的事情，只要双方保持理性，积极进行协商，必然能找出解决方案。

郑平虎通过天使投资募集到大量资金，短短一年内就建立并运营了10家店面。然而就在郑平虎决定顺势再开6家店面时，投资人高继海却反对。原来运营一家店面的成本很高，店面租金、训练有序的员工、原材料、装修等都需要一笔不小的投入，而且现在正处于经济衰退期，高继海并不看好扩张。两人因此而产生矛盾，天天就是否扩张进行协商讨论。

郑平虎认为经济衰退期正是扩大投资招揽客户的大好时机，他要打造一个高标准的品牌，提供人性化、全面化、个性化的服务。在其他企业都暂停扩张时，加大投资抢占市场，无疑能为企业带来丰厚的利润。高继海认为此时企业扩张风险太高，万一不顺，企业将一点儿退路都没有。

经过协商讨论，两人各退一步，企业实施扩张策略，但店面由起初的6家改为3家。郑平虎发现与投资人产生矛盾并不可怕，即使双方存在严重的分歧，也能在出于对企业考虑的基础上，找到合适的解决方法。

虽然投资人具有创业者不具备的丰富经验、资源、管理知识等，能对创业带来很大的帮助，但并不意味着投资人的建议就是绝对正确的。尤其是传统投资人，他们的很多观点已落伍，跟不上时代发展。这时就彰显出管理相对独立的重要性了。

另一方面，创业者要端正心态，毕竟人无完人。有些创业者很懂技术，但在管理上却不擅长，如果天使投资人恰好善于管理，这时创业者就不要因为要面子而不愿意让步，而要适时听取投资人的建议。

管理相对独立，一定程度上可以避免投资人过多插手企业业务，可以集思广益，为企业的发展献策献计，这无疑对企业是最有利的。

天使投资人和创业者一样，都是希望企业能够发展壮大，不同的是，天使投资人通常只关心企业这一段时期的发展，对他而言，企业成败没有那么重要，即使投资失败，还有其他投资能得到收益。而创业者不同，企业就是他的全部，企业发展与他个人价值连在一起，他必然会为企业发展殚精竭虑。因此，创业者和天使投资人要相对独立，如此才能避免混乱，实现互利双赢。

3.1.4 互联网时代，人人都可以成为“天使”

在过去，如果创业者拥有具有市场前景的好项目，那么就需要先写一份项目计划书，然后通过各种方式寻找投资人。投资人看过后，如果对项目感兴趣，双方就会针对项目进行谈判。谈判成功，则创业者融资成功；谈判失败，则创业者融资失败，接下来需再找投资人。通常，创业者寻找投资人的途径有如表 3–4 所示的几种方式。

表 3–4　寻找投资人的途径

常用方式	具体描述
利用身边熟人，参加各种聚会	身边熟人或者是熟人的熟人有可能就是天使投资人，熟人是创业者寻找投资人的第一步；然后可以参加相关的创业性质、投资性质的聚会，不过这类聚会要经常、长时间参加才有可能找到合适的投资人

续表

常用方式	具体描述
	寻找投资公司的途径： 1. 已经融资成功的朋友介绍 2. 投资领域内朋友的介绍 3. 当地招商局、银行等机构的推荐 4. 媒体上的报道 5. 去繁华地段的金融街去找
中介机构	正规的中介机构能提供有关项目的建议，引荐投资人等，但需支付一定的费用，且中介机构良莠不齐，骗子很多，创业者需小心谨慎
其他	其他各种传统的找投资人方式，比如报纸上登广告

随着时代发展，尤其是互联网的发展，创业者和投资人之间的距离已被大大缩短。创业者不用在现实生活中苦苦寻找投资人，他们可以通过互联网轻易找到天使投资人。如通过微博即可找到已认证的天使投资人，雷军、周鸿祎等都开通了微博。随着互联网金融对传统金融模式的颠覆，创业者的融资渠道也逐渐丰富起来。

众筹

众筹是国内近几年兴起的一种比较特殊的融资方式，即大众筹资或群众筹资，是一种人人可以参与，人人都能当“天使”的筹资方式。它通常由发起人、跟投人、交易平台三部分构成。这是互联网金融的一次创新，是对传统融资方式的补充，在发达国家众筹模式已相当成熟。众筹平台可以让任何人通过互联网方式参与到项目中。

根据众筹募集资金形式以及收益方式不同，可以将其分为如表 3-5 所示的四种模式。

表 3-5　众筹模式

四种常见模式	描述
捐赠众筹	投资人出于兴趣或者其他目标而支持项目，且不获取回报。如众筹网、追梦网
回报众筹	通过对项目进行投资获得产品或者某种服务。如腾讯公益
债权众筹	通过对项目投资获取一定比例的债权，在未来获得相应的利息和本金。如拍拍贷、人人贷
股权众筹	以入股的方式进行投资，按投资数额确定股权比例。如天使汇、大家投

在众多众筹种类中，最普遍的是债权众筹和股权众筹。创业者根据自身的需要选择合适的众筹模式，不过在提交项目之前，应该先对项目进行规范化包装，包括项目可行性分析、行业市场分析、管理团队、财务分析、市场营销、资金需求等。这种包装作用很大，能勾起投资者的兴趣，从而决定投资。

众筹融资可以让创业者了解项目的可行性。同时，众筹是个分享过程，创业者不仅能获得资金上的支持，而且投资人也会给予相关的建议，对修正产品策略、改进产品性能、促进市场营销很有帮助。对于创业者而言，众筹具有以下几个优势。

· 第一，融资。融资数额会影响下一次的融资。

· 第二，市场推广。项目挂在众筹网站上，就相当于项目产品提前进行了一次预售，能积累第一批用户。

· 第三，良好的人际关系构建。在众筹网上，创业者可以认识许多富有经验的创业者或者投资人，会收到他们的建议和反馈，这对产品改进、创业者自身良好的人际关系的构建都是有利的。

不过众筹平台毕竟不是慈善组织，创业者应合理利用所融得的资金，按时定期向投资人汇报资金使用情况、项目进展等。

P2P 网贷

P2P 网络借款，即 P2P 网贷，起源于英国，后慢慢在世界各国发展起来。最常见的模式为：网贷公司提供平台，然后借款方在网站说明借款理由、项目。投资人看到后，如果有兴趣，就会进行投资，这里的投资人可能是多人。借款数额满，即网贷成功。具体流程如图 3–3 所示。这种方式，借款方需支付相应的利息和平台服务费，且到期后偿还本金。其实 P2P 网贷也属于众筹的一种。

传统金融机构贷款效率极低，目标不精准，导致中小企业融资困难。随着创业热潮兴起，中小企业和个体经营数量增多，俨然已成蓝海市场，传统金融机构尚未投入资金和精力，这就给 P2P 兴起提供了肥沃的土壤。而且中产阶级、富裕阶层或者普通市民都需要一种收益高的理财方式。

我们可以将其分为四种模式，如表 3–6 所示。

表 3–6　P2P 模式

常见	概述
传统模式	即搭建网贷平台，投资人和借款方在线上即可达成合作。如拍拍贷公司
债权模式	搭建网贷平台，线下考察后，购买债券，然后将债权卖给投资人，两者之间的差价即利润。如宜信公司
担保模式	搭建网贷平台，投资人和借款方在线上即可达成合作，平台予以担保。如人人贷公司，提供本金保障计划，保护投资人利益。不过担保一般有平台自身担保和引入第三方担保等方式
综合模式	指提供多种模式，投资人和借款方可以按需选择。如安心贷

对于创业者而言，P2P 补充了融资渠道，具有低门槛、操作简单、方便

快捷等特点，所以P2P网贷平台能够蓬勃发展，短时间内就实现了规模化。创业者可以将项目挂在P2P网贷平台上，进行融资。不过通过这种方式融资，创业者需付出较高的利息成本，在通过P2P网贷方式融资时要格外注意，确定融资成本是否在可承受范围内。

众筹的兴起掀起了人人可以做天使投资人的热潮，任何人只要有闲置资金都可以通过众筹平台选择自己喜欢的项目进行投资，这些人也被誉为互联网上的“天使”。正是因为有他们的存在，那些极具潜力的项目才得以顺利实施，成就创业者的创业梦想。

信息通信技术的快速崛起与创新，促进了互联网金融的出现与发展，创业者理应跟上这股互联网改革热潮，牵手众筹，共同走向辉煌的未来。毕竟金融创新革命才刚刚揭开序幕。

3.2 多渠道，融资之道并非是独行道

3.2.1 挂牌上市：新三板是中小企业融资的理想选择

三板市场起源于 2001 年 7 月 16 日成立的“代办股份转让系统”，主要是承接原 STAQ、NET 系统挂牌公司和退市公司，被人们称为“老三板”。2006 年，中关村科技园区非上市股份公司进入代办转让系统，可以进行股份的转让、买卖等，因与“老三板”明显不同，被人们称为“新三板”。此后，“新三板”引起人们极大的关注。2013 年，全国中小企业股份转让系统正式挂牌，新三板迎来快速发展时期。

由图 3-4 可以了解新三板的“前世今生”。

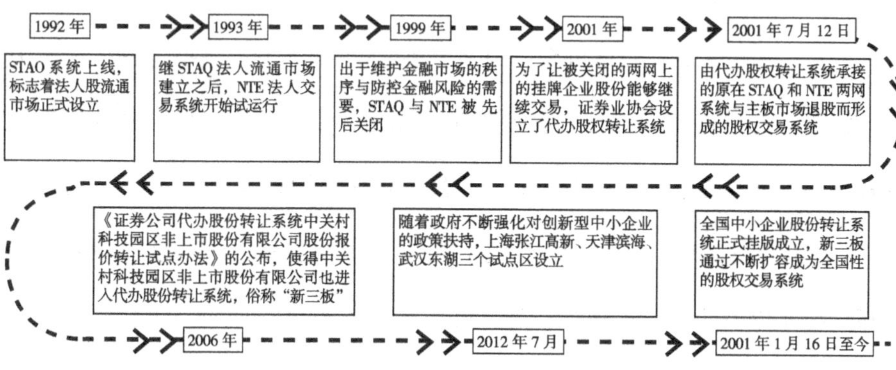

图 3-4　新三板发展历程

工商总局的统计数据表明：中小企业在国民经济中占据着越来越重要的地

位，成为推动经济发展的重要组成力量。虽然中小企业发展迅速，但是经常面临“钱荒、电荒、人荒”的局面，尤其是钱荒。在国家政策的支持下，很多金融机构都针对中小企业“钱荒”的局面做出相应调整，“钱荒”得以部分解决。但就整体来说，中小企业离解决“钱荒”难题显然还有很长的路要走。

新三板挂牌条件

新三板市场是针对中小企业推出的，其挂牌上市的门槛比主板市场低得多。只要中小企业满足以下条件，就可以轻松挂牌。

（1）公司需是非上市的股份有限公司。（股东人数不超过 200 人的股份公司，可以直接向全国股份转让系统公司申请挂牌，超过 200 人的股份公司，则需证监会批准后再申请挂牌）

（2）依法建立且存在并持续经营超过两年。（有限责任公司改制为非上市股份公司，存续时间可以从当初有限责任公司成立起算）

（3）公司业务明确，专注主营业务，且能持续经营下去。

（4）治理规范，制度健全，且合法经营。（中小企业融资难，一部分原因源于自身，体制不健全，管理体制不完善，很多企业采取的经验式管理或者家族管理，无法科学决策，财务制度不健全，导致管理混乱，内耗极大）

（5）股权清晰，转让和发行要符合法规。（股权不存在法律纠纷。毕竟新三板是以“股”为单位进行转让和发行的）

（6）符合主办券商的要求。（公司需由主办券商审核，对符合要求的公司出具推荐报告）

（7）符合全国股份转让系统公司的其他要求。

符合上述条件的中小企业都可以申请挂牌，在主板、中小板上市一般需要两到三年，而在新三板，公司从改制到挂牌流通只需仅仅6个月左右的时间。

新三板挂牌的好处

新三板的功能及在新三板挂牌的好处如图3–5所示。

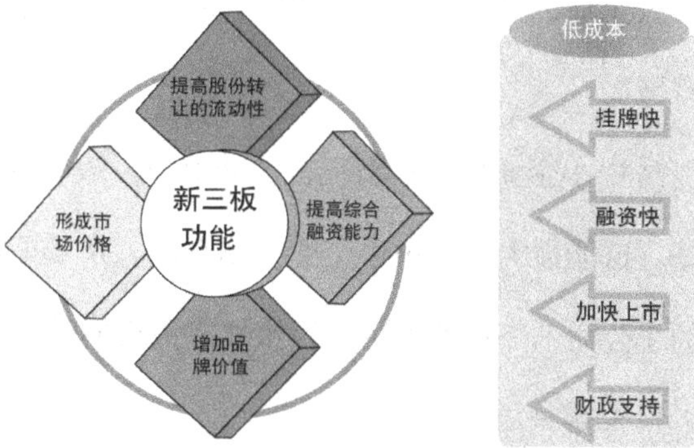

图3–5　新三板的功能及其带来的好处

1. 公司阳光化运营，规范管理完善制度

公司要在新三板挂牌，就要确保公司的自身体制健全、管理制度完善。而且在改制时，会对公司的股权结构进行调整，使之清晰，同时明确高层职责。这对于规范企业的纳税行为、建立现代化企业以及促进产业结构升级是很有帮助的。

在信息披露上，挂牌公司按照上市公司的要求进行披露，信息受到严格的监管，确保了公司阳光化运营，维护投资者利益，促进公司规范发展。公司制度管理的完善及信息披露，使公司的透明度高了，提升了公司的信誉，增强了投资者以及金融机构的信心，公司的股权估值也得到相应提高。

2. 提高公司知名度

在新三板上市具有宣传效应，能快速提高公司的知名度、品牌价值以及市场影响力。品牌传播一般有三个途径，即口口相传的美誉——口碑、处处可见的传播——广告、以资金为基础的推广——营销。不过对比来说，上市更能提高企业的知名度。公司上市后，其股票交易信息通过电视、报纸、互联网等新旧媒介进行传播，产生强大的宣传效应，吸引投资人的关注，扩大企业的知名度，同时也能够吸引优秀人才的关注，对公司人才引进很有帮助。

中小企业能够在新三板成功上市，表明其发展前景、市场潜力被资本看好。这能极大提升中小企业的知名度、市场影响力和地位。如很多默默无闻的小公司，一旦上市后，很快便成为人们眼里的“香馍馍”。

3. 带来雄厚资金

进入资本市场后，公司可以进行融资，资产价值很快得以数倍、数十倍的增加。如某家企业上市前不过是500万元价值，而上市后则有可能达到1000万元乃至更多。公司业绩如果发展良好则可以再次增发新股、债券等进行融资。不过公司上市后如果业绩不好，就会影响投资者的信心，公司股价也会相应下跌。

新三板上市后，企业打破了原有的融资瓶颈，可以进行股权融资。对于私募股权基金而言，多了一种资本退出的方式。因此，新三板上市公司成为私募股权基金的投资热点，股权资本可以让企业获得长期稳定资金来源。股权融资具有风险共担、收益共享的特点，颇有点像具有法律保护的“婚姻关系”，一旦进入婚姻，不管未来如何，要解除这种关系并不是那么容易。

4. 流通套现

企业在新三板上市后，股票便可以用来流通，实现资产增值，股东的股份可以合法转让，套现，并从中获得可观收益。在流通过程中，企业也实现了资产增值。

在新三板上市也丰富了融资手段，企业可以使用配股、增发、转债、私募债等方式进行融资。

5. 转板上市

上市后，企业得到充足的资金，发展障碍已清理掉，因此将迎来新的发展时期。公司有机会进行扩张，逐渐壮大，经过一段时间的市场磨砺和考验，将变成一个具有良好市场前景的成熟企业，并达到在创业板或者中小板上市的条件。这时就可以转板上市，正式进入主板市场。

6. 被收购或者并购其他小企业

挂牌后，企业的资产急速增加，可以并购一些有发展潜力的小企业，扩展企业的业务，实现跨界发展。这是推动企业产业升级的有效途径，而且可以用股票代替现金收购，减缓企业的现金压力。有些发展前景良好的挂牌企业则被主板市场的上市公司注意，并进行收编。如金豪制药就是在新三板挂牌后被并购的。

7. 财政补贴

目前各地对挂牌成功的中小企业会给予一定的财政补贴。不同地区的补贴金额不一样，如温州补贴 100 万元，青岛高新区补贴 70 万元。

新三板上市流程

公司为股份公司，如果不是，则需进行改制。

公司的运营要合法化、科学化、规范化。如果存在家庭式、经验式管理则需改进。

和主券商签订挂牌协议，并按照其要求准备相应的资料。主券商则对公司进行尽职调查，对企业的市场、管理、资金等做全面深入的审核。经过审核后，对于符合新三板挂牌的公司出具推荐报告。报告内容包含尽职调查情况、推荐意见等。

然后将文件上报给中国证券业协会进行审查。如若审查通过，其则会向主券商出具备案确认函。

具体上市流程如图 3–6 所示。

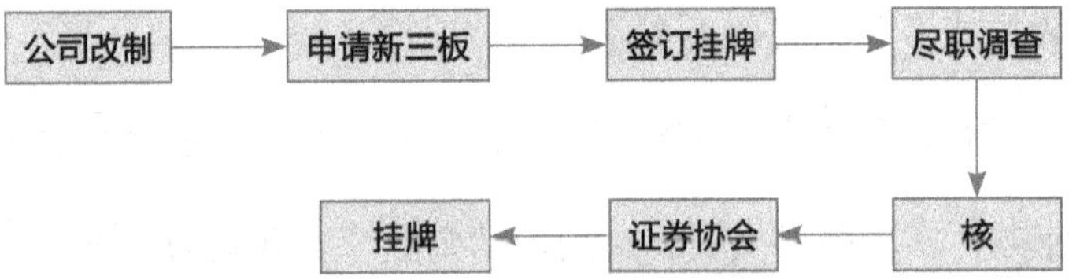

图 3–6　新三板上市流程

对于初创企业来说，由于行业竞争激烈，尚未形成明显的优势，达不到在创业板或中小板上市的可以通过新三板挂牌，迅速提升品牌，同时募集资金，扩大生产。如手游的企业，有了资金就可以多研发几款产品。融资后企业有了充足的资金，便可以并购有些有潜力的小企业，这无疑是条让企业得以快速发展的道路。况且在新三板上市就相当于未来上市前的演练，一旦出现机会，就有可能转板上市。

某家创业企业因为拥有某项核心技术，而一直在行业保持着领先地位，但苦于资金有限，无法进行扩张。创始人多次融资，但都宣告失败。而现在这家企业面临着竞争对手的威胁，竞争对手虽没有核心技术，但却有雄厚的资本，与之相比，己方在资金、资源、营销等处于劣势，竞争对手甚至多次找上门来提出并购方案，企业的领先地位面临着严峻挑战。

创始人不想企业被收编，他四处咨询融资的办法，在听到可以申请在新三板挂牌后，就像是阳光照耀在黑暗里，一切都明朗了。他回去后立即着手申请挂牌。

几月后，这家企业通过了中国证券业协会的调查，取得了协会备案函。正式挂牌后，银行找上门来，说是可以股权抵押贷款。而在几月前，这家银行曾拒绝该企业的贷款请求。有些投资机构也找上来，希望可以进行投资。目前，该企业正打算凭借所拥有的核心技术进行扩张，快速占领市场，因此筹划下一轮的股份定向增发。

由案例可知，这家企业正是由于在新三板挂牌才摆脱了竞争对手的威胁，并迎来发展新时期。挂牌不止是解决了这家企业资金需求问题，还规范了企业的运营，对企业的管理制度、财务制度等进行改造，使这家企业具备了现代化的基因，为企业的快速发展奠定了坚实的根基。

新三板正是凭借着低门槛及融资上的便利等诸多优势，成为中小企业融资最佳选择。随着新三板转板机制的成熟，必然会有更多企业申请挂牌。对创业者来说，如果企业正面临融资难的问题，那么在新三板挂牌将是理想选择。

3.2.2 私募股权融资：广泛、稳定和高附加值的融资方式

私募股权融资概述

不少企业遇到资金问题，首先想到的就是到银行融资。但对于中小企业来说，银行融资就像画饼，“看起来很美味，但无法吃到”。银行融资除了利息高外，还要求抵押担保，甚至还有各种附加限制性条款，使得银行融资难度非常高。其实这也怨不得银行，作为特殊企业，银行要考虑到资金的风险及收益。不过相对于过高看重银行，私募股权融资的存在感则很微弱。很多企业对私募股权融资的印象并不太好，觉得这类融资就是唯利是图，图谋企业的控股权。造成此印象的原因有两个：私募法律法规不够健全，行业良莠不齐，不少企业曾上当受骗；企业对公募融资印象很好，而对私募融资则印象不佳，这主要是企业自身对两者的认知不全，以偏概全。

私募股权融资，也就是 PE（PrivateEquity），指的是未上市企业采用非社会公开方式，向特定的投资人进行权益性融资。投资退出渠道具有多样化特点，即上市、出售、兼并收购、管理层回购等。主要做法是在企业尚未上市时收购股权，等企业上市后，管理层回购股权获利。

公募股权融资指企业采用社会公开方式，面向所有投资人进行权益性融资。

私募股权融资有广义私募股权融资和狭义私募股权融资之说。广义私募股权融资范围较广，涵盖企业未公开进行权益性融资前的各阶段。狭义股权

融资对象主要是进入成熟期的企业。具体如图 3-7 所示。

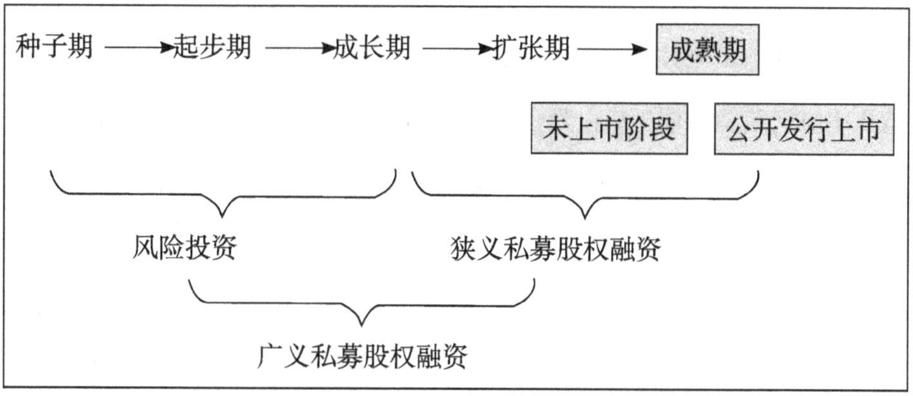

图 3-7　广义和狭义私募股权融资

银行融资、私募股权融资及公募股权融资对比如表 3-7 所示。

表 3-7　银行融资、私募股权融资及公募股权融资的区别

	银行融资	私募股权融资	公募股权融资（上市）
主要面对对象	所有企业，但以大型企业为主	中小企业，小微企业	达到中小板或者创业板上市条件的企业
融资额度	较高	较低	最高
融资的难易程度	较难	较易	较难
融资成本	较低	最高	较高
对企业带来的影响	较弱	最强	较强
投资方所承担的风险	较低	最高	较高
条件要求及限制	较低	最低	最高

由表 3-7 可知，对于中小企业来说，私募股权融资是相对最佳的融资选择。企业在考虑通过私募股权融资时，不应将偏见当做事实，无端错过合适的融资渠道，而要着眼于优势、风险及成本。事实上，私募股权融资经过多年发展已成为中小企业非常重要的一条融资渠道，具有广泛、稳定和高附加值的特点。

私募股权融资的优势及风险

中小企业发展时间较短、规模较小、决策权高度集中，因而导致企业没有太多时间积累资金，资金薄弱、抵御风险能力差、融资能力差。私募股权融资是一种新兴的融资方式，能够对不同发展阶段的企业进行融资，能提高企业的资源配置能力、改善企业资本结构，降低资产负债率，促进经济结构优化，帮助中小企业更好地应对竞争。私募股权融资能给中小企业带来哪些好处呢？

1. 更易广泛筹集资金

中小企业由于自身规模小、盈利差、财务状况不佳，因此很难通过银行融资，且银行的限制很多，大大增加了企业的融资成本。私募股权融资不会给企业带来债务，又可以筹集到数量可观的资金，为扩大企业规模、扩张、占有市场、产品升级换代、技术改革等提供资金基础，同时提高了企业的风险抗击能力，维持企业可持续发展。

可以建立长期融资平台，私募后企业的资产债务表可以得到增强，更易通过银行进行融资。不过每增发一次新股，原股东对企业的股权就会被稀释，对企业的控股权也会相应减弱。因此融资仍需谨慎有度。

2. 高附加值服务

私募股权融资后，投资者将拥有部分企业所有权，自身利益和企业利益是一致的。如果企业发展快速，盈利多，则投资者所获的回报就越多。因此投资者会利用自身所拥有的资源来帮助企业成长。一般来说，这些人都是各领域的专家或者企业家，具有丰富的专业知识、营销经验、良好人际关系资源、管理经验等，可以为企业提供多方面的帮助，如开拓新的市场，对财务管理、团队建设等提供帮助。这对创业者来说是很重要的，相当于身边多了一个导师，可以在导师指引下顺利避开创业路上的障碍。

3. 稳定的资金来源

相比贷款，私募股权融资最大的特点是不用偿还本金，一般不需支付利息。股利支付的多少根据企业实际状况而定，投资者投资后不能随意撤资，不能要求退股，不过股票可以在二级市场转让。企业可以多次进行融资，因此相当于有了个相对稳定的资金来源。

4. 提高企业的知名度和可信度

私募股权融资成功，能够扩大企业自身的影响力，提高企业自身的市场地位，对企业产品品牌树立很有帮助。毕竟私募股权融资能够成功，就说明企业的商业模式得到了资本的认可。增强金融机构对企业的信心，下次企业融资成功率就会提高。客户对企业有信心，将有利于扩大企业的销售量，同时增强了团队和管理层对企业的信心。

私募融资成功后，企业在财务和专业上具有优势，能够通过资本运作的方式进行兼并收购，优化产业结构，推动产业升级，提高企业的市场竞争力，同时也有利于吸引优秀人才的加入，增强企业的发展潜力。

私募股权融资的风险

对于中小企业来说，私募股权融资能够拓宽融资渠道，缓解企业的财务困境，但任何融资都是有利有弊的，是把双刃剑。机遇和风险共存，企业应抓住机遇，防范风险。

（1）私募股权融资的风险主要在于法律风险。法律对私募股权融资的各阶段有相应的规范和要求，企业应严格遵守，最好聘请有相应经验的律师做融资顾问。

法律风险的防范主要在确定融资目的上，根据目的选择合适的投资者。最常见的是股权纠纷，包括企业和投资者在股权上的纠纷、企业原股东在股权的纠纷等。

（2）要防范投资者，尤其是战略投资者。有些巨头企业利用投资者的身份，投资一些会对他们的发展带来威胁的创新企业，收集信息，以便找出应对策略。企业应保护好自身的知识产权和商业秘密。不过企业应明白，投资者不应成为风险控制的对象。

企业应在谨慎的基础上对投资者加以信任，加强彼此间的合作，将企业做大，以创造更多利润作为目标，同舟共济，共创辉煌。

私募股权融资的工作流程

近年来，中小企业融资难的问题逐渐引起人们的重视，国家也出台了很多优惠政策，但中小企业融资还是存在一定的难度。私募股权融资的兴起，拓宽了融资渠道，有不少企业通过这种渠道募集到资金得以扩张，扩大企业规模，甚至上市成功。因此有不少企业将目光瞄向了私募股权融资，尤其是初创企业，但很多创业者对私募股权融资的工作流程不了解，导致融资问题不断。一般而言，私募股权融资的工作流程可以按以下四步走。

1. 私募前期准备工作（见表 3–8）

表 3–8 前期准备工作

准备工作	内容明细
融资的数额、用途	主要是确定引入私募投资者
成立融资项目小组	确定企业所需的资金，以及募集资金的用途
相应的文件	小组由高级管理人员、专业的律师、会计、资产评估师等组成，主要是了解企业的财务现状，确定投资结构
稀释股权	如保密协议、谈判条件（私募投资）、企业的要求所形成的文件等

2. 筛选投资人以及签订框架性协议（见表 3–9）

表 3–9 筛选投资人，签订框架性协议

工作流程	具体要求
筛选私募投资者	根据企业现状、融资目的、要求等筛选合适的投资者
框架性协议签订	初步敲定一两家有意向的投资者，签框架性协议，协议中要包含估值方式、交易条件及方式、以及后续融资工作的要求
所需时间	接触众多的投资者、洽谈，从中找出合适的投资者，到签订框架性协议，大概两个月

3. 尽职调查和投资谈判（见表 3–10）

表 3–10 尽职调查和谈判

工作流程	具体表现
尽职调查	通常指对企业自成立以来的状况进行调查、审核，包括市场、风险、管理、人事、技术、管理人员的背景、法律文件等进行调查。根据企业的复杂程度不同，调查时间不同，通常在一两个月内完成。调查过程中常采用查阅资料、实地调查等方法 调查人员由企业人员、投资者所派来的人员，或者是中介结构，如资产评估机构、会计服务机构等 在此过程中，双方的财务顾问会多次进行沟通，以便达成共识
投资谈判	双方对尽职调查结果无争议后，则以此为基础，根据框架性协议的要求进行谈判: 企业就调查报告中所披露的劣势，如资金短缺、财务管理不佳、法律问题等向投资者做出解释，并给出相应的应对之策或者让步 争议最大的部分往往在企业的估值上，当双方估值差异太大，则难免会有争吵。此时双方应以数据为基础，以企业潜力为前提，对企业有个合理的估值
所需时间	谈判时间不定，有的一周左右就能达成合作，有的则需数月甚至一年

4. 执行协议（见表 3–11）

表 3–11　执行协议

工作流程	内容明细
签订融资协议	经过谈判后，双方达成合作，律师将准备相关的重组与交易协议，协议可以在谈判过程中起草，提高融资效率，节省双方的资源
报批	有些交易、重组的工作需要提交给审批部门进行审核，如工商登记部门、税务部门、当地商务部门等
所需时间	时间不定，不同的交易时间不一
资金到位	审批核准，签订融资协议，完善法律手续，企业就可以等待资金到位，大概需要五、六个月。如果双方聘请具有丰富经验的财务顾问，则能缩短资金到位时间
执行融资协议	资金到位后，意味着企业募集到所需资金，发展生产，开拓业务

私募股权融资最重要的是要让投资者对企业有信心。

· 投资者看好企业的商业模式，对企业的前景持乐观态度，包括市场前景、盈利能力、团队建设等；

· 投资者看好企业的执行能力，能遵守约定，按照协议将资金合理使用，并产生较大的收益。

创业者可以按以上四个步骤进行私募股权融资，解决企业所面临的资金难题。融资过程中可能会出现一些意想不到的情况，此时创业者可以咨询相关的机构、财务顾问，综合众人的看法，集思广益，找出解决方法。

私募股权融资不会增加企业负债，且具有广泛、稳定、高附加值服务的特点，因此是中小企业，尤其是创业者最喜欢的融资渠道之一。创业者要保持一颗平常心，不要患得患失。在与私募投资者接触、谈判过程中，要不卑不亢，坚守原则，不要为了融资而丧失原则。同时也要有耐心，融资是个艰难的、双方磨合的过程，是需要时间的，不可能一蹴而就。

3.2.3 债券融资：简单易行可操作性强

债务融资的概述

对于中小企业来说，债券融资无疑是最简单可行、资金到账快的融资渠道，但目前的债券融资还存在很多问题，如服务不完善、债券类型多样化、牵涉面广等。那些不了解债券融资的中小企业难以找出最适合的债券融资对象。因此中小企业及创业者有必要对债券进行系统、全面的认识和研究。

债券融资是指项目主体按照法律规定，在合法范围内向社会借债筹集资金，承诺给予一定的利息，并且约定时间偿还本金的融资行为。债券即债权债务凭证。项目主体的实施者包括政府、银行、企业等，这里主要讲述企业债券融资。

企业有两种最重要的融资方式，即股权融资和债券融资。两者间的区别如表 3-12 所示。

表 3-12　股权融资和债券融资的区别

	股权融资	债券融资
发行主体	股份有限公司为主，融资范围受限	不限于股份公司，各类型公司都可以发起，融资范围较广
融资成本	融资成本较高，要支付投资者股利，即税后盈利利润的分配	利息是市场最低的，资金成本低，主要支付利息
融资金额	可以大额融资	筹资数额受限制

续表

	股权融资	债券融资
对企业影响	影响较大，稀释企业的控制权，融资数额过多，则可能导致企业控制权旁落，被资本控制 可以募集大额资金，帮助企业实现快速扩张，占领市场	影响较小，不会稀释企业的控制权；但须向投资者支付利息，且到期时需偿还本金；筹集资金数额受限；风险较大，限制条件多，还款压力大；有财务杠杆的作用
流通性	上市企业股票可以在股票交易所交易	可以在流通市场转让
融资期限	不限制	多为短期融资
劣势	引入股东，导致企业的控制权被稀释，且会给管理带来一定难度；年终分红，则减少企业的未非配利润；法律对股东总人数有限制，导致融资金额受限；股票交易所的服务对象是上市企业，因而导致融资范围受限	主要是向银行贷款，灵活度差，到期后，不管企业的经营状况如何，都需按时还本，如果企业经营不佳，无法按时偿还，则对企业的发展很不利；需要担保，且资产只能担保一次
优势	出让部分企业所有权，就可以筹集资金，不需负债，无需还本付息且引入的投资者可能具有某些方面的优势，会给企业带来高附加值服务	解决企业融资难的问题，具有财务杠杆作用，能够合理避税；债权人不参与企业的管理，有利于企业运营

通常，预期收益乐观、能承担融资成本高、经营风险较高的企业常常要求融资风险低，而选择股权融资方式；相反，预期收益微薄、能承担的融资成本低、经营风险不高的企业常选择债券融资。

因为债券可以在市场流通，所以成为现代经济中重要的融资工具之一。不过企业在债券融资时，要注意发行债券和非法集资的区别，否则，将面临严重的后果。

债券融资的特点

任何融资渠道都有其独特之处，也就是特点，债券融资的特点如表 3-13 所示。

表 3–13　债权融资的特点

债权融资的特点	
特点	具体表现
短期性	债券融资通常用于短时间的资金需求，对投资者来说，时间越长，则风险越大，所以债券投资者都倾向于短期。
风险性较大	一般而言，债券融资的风险是很高的，主要依靠企业的实力和信誉。一旦企业运营不佳，企业的还款能力就会受到影响，这对企业运营的很不利，且影响企业的信誉，对下次融资带来难度
可逆性	债券融资需定期向投资者支付利息，且筹集的资金到期后要偿还。企业只是在融资时间内对资金的使用权，而没有所有权
流通性	可以在流通市场转让，投资者可以通过转让获利，或者避免被“套牢”

债务融资的类型

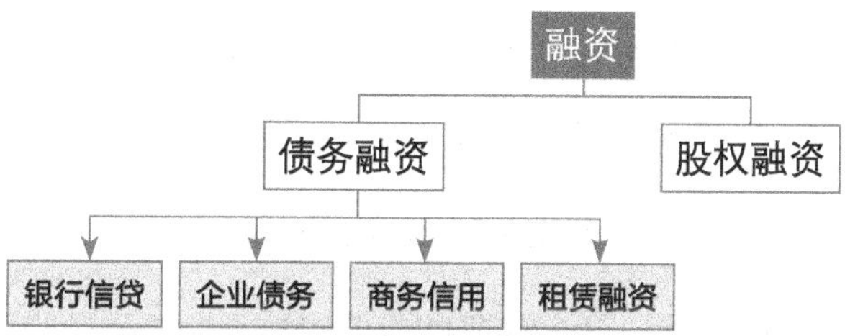

图 3–8　融资类型结构

企业债务主要由银行信贷、企业债券、商业信用、租赁等组成，不同类型的债务，其融资成本不同，特点不同，如图 3–8 所示。下面主要讲述一下银行信贷和企业债券。

银行信贷

信贷方式融资是企业债券资金的重要来源，包括商业银行贷款、国际金融机构贷款、银团贷款、政策性银行贷款、向股东借款等，其中最常见的就是银行信贷。如图 3–9 所示。

银行信贷已成为企业债券融资的重要来源。当企业面临资金问题时，首先想到的就是银行贷款，这是最直接、最简单的方式。但银行信贷通常限制

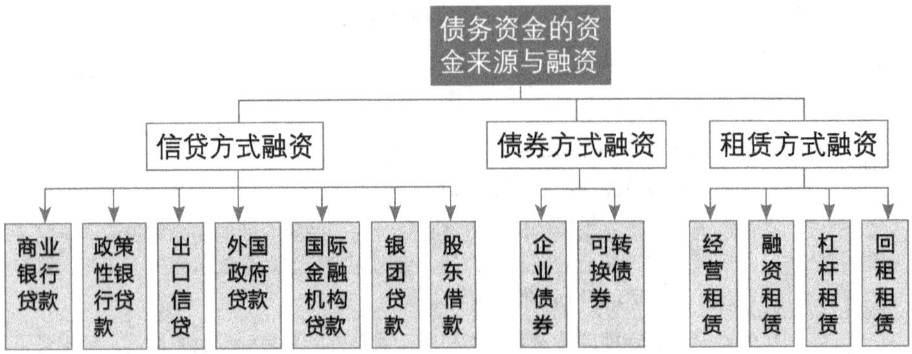

图 3-9　债务资金的资金来源与融资

多、要求严格且要求担保，这无疑增加了中小企业的融资难度。银行信贷存在着很多缺陷：流通性低、灵活性差且易被企业“套牢”，且信贷资产无法根据企业的实际价值适时调整数额，风险较高；通过银行信贷募集的资金，大多都约定好其用途，如用于新产品的研发、营销的资金，而不能用在购买土地等方面。这时银行往往冒着极大的道德风险，信贷资产可能被挪作他用、改变投资方向等，银行无法快速做出反应。由此可见，银行信贷仍存在很多需要完善之处。

企业债券

企业债券，常被称为公司债券，是指企业按照法定程序发行的，在约定时间内支付利息、本金的债券，泛指企业发行的各种债券。按照《证券法》要求，企业满足以下条件就可以发行债券：

（1）股份有限公司的净资产不少于三千万元人民币，有限责任公司的净资产不少于六千万人民币；

（2）企业发行的所有债券余额不能超过企业净资产的 40%；

（2）企业发行的所有债券余额不能超过企业净资产的 40%；

（3）通过债券所筹集的资金，其使用要符合国家产业政策；

（4）企业盈利良好，且近三年平均可分配利润数额大于或等于企业一年所需付出的债券利息；

（5）发行债券的利率不能太高，不能超过国务院限定的利率水平；

（6）符合国务院的其他规定。

符合上述条件的企业则可发行债券，其流程如图 3–10 所示。

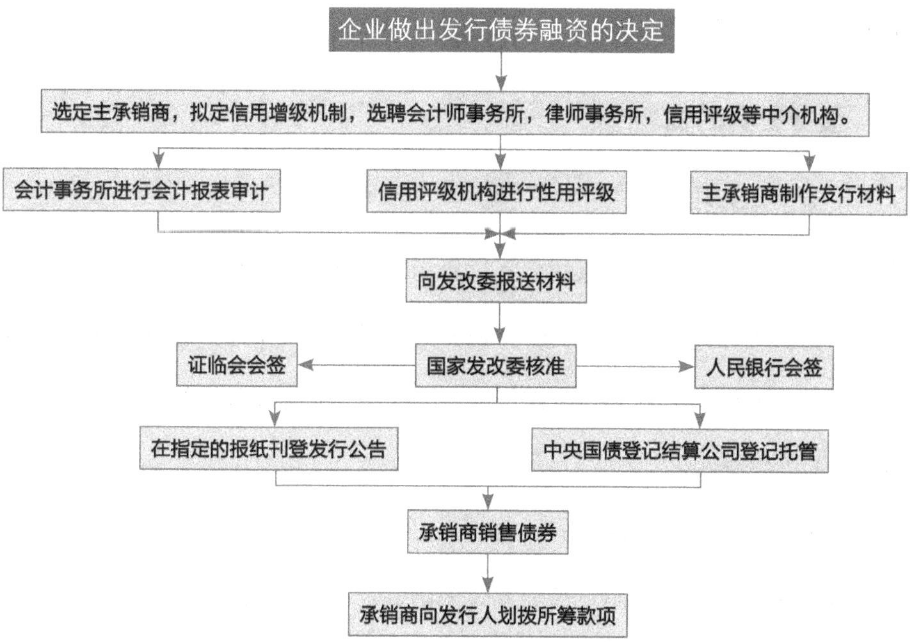

图 3–10　企业发行债券的流程

企业债券的特点在于契约性、优先性、可流通性、通知偿还性。契约性指债券具有一种责任契约关系，在规定的时间内，企业必须支付相应的利息或者本金给投资者；优先性指在利息分配上优先于股东，企业破产，其余下金额应先还给债券投资者；可流通性，包括转让，可以转换成企业的股票，转换条件一般写在契约中；通知偿还性，即企业可以提前偿还本金。

相对于银行信贷，企业债券流通性很高，可以在市场进行交易，通过价格的变动，债券投资者可以及时了解债券价值的变动。由市场根据企业的情况对企业债券进行定价，具有成本低，准确性高且及时性强的特点，能够让债券投资者快速做出反应。

当然这种方式也有不足之处，主要是投资者过于分散，未必拥有相关专业的背景，比较大众化等。

债券融资的优势

1. 具有避税作用

目前，世界各国的税法通常将利息当做是交税前支付，而股息则是在交税后支付。这相当于企业通过债券融资所募集资金的成本，国家负担了一部分，所以债券融资能够起到避税作用。因此对于企业来说，适当举债很有益处，可以合法避税。

2. 具有财务杠杆作用

财务杠杆指企业使用负债的方式来调整资本结构，给公司带来额外收益。如果在负债经营中，企业所获得利润上升，则是正财务杠杆；如果企业所获利润下降，则是负财务杠杆。

债券融资除了支付投资者相应的利息外，其余收益则为原股东所有。如果纳税付息前所获的利润比所支付的利息高，则负债经营可以增加税后利润，增加股东财富和企业价值。股权融资虽会为企业带来数目可观的资金，但投资者也拥有部分企业所有权，原股东的股权被稀释了，企业通过股权融资所获得的资金、收益乃至亏损，都由所有的股东承担。

3. 提高资金使用效率

当企业可以用于流通的资金过多时，管理者通常不倾向于进行分红，而是将资金用于扩大企业的生产规模，开拓新业务。不过企业规模大并不代表着收益高，而股东的利益则在于收益。如果管理者不分红，那么股东所获得的收益就少。过多的现金流会降低资金的使用效率，因此企业负债经营是有好处的。

对于管理者来说，向股东发放股利和股息是软性的，然而按照一定时间向债券投资者支付利息，则具有法律的约束，是硬性的。管理者必须按时归还本金，否则将会收到法院的传票。正因为有律法约束，管理者会合理使用现金流，从而降低流通性资金数额，提高资金的使用效率。

4. 优化资本结构对员工具有激励作用

经济学家研究发现：在企业中有个普遍的现象，企业的价值高低与其负债率成正比：企业的价值越高，则负债率越高（合理范围内）。对于企业家来说，当其对企业所投资的资金数额不变的情况下，债券融资能够增加他的股权比例，降低股东和企业家产生利益冲突的可能。

员工的收益大多与企业的业绩挂钩，如果企业的业绩较好，则收益多；企业的业绩差，则收益少。适当的债券融资能增加企业的负债资本比率，有利于增强员工的风险意识，促使他们更加认真工作，防范财务危机，增强凝聚力，因此适当负债对员工来说是一种激励。这一点与企业家不同，企业家更关注的是企业股价的波动。

由此可见，债券融资的优势很多，不仅能为企业解决融资难题，还能帮助企业避税，其所具有的财务杠杆作用则能增加股东财富和企业价值，同时适度负债还能鼓舞员工士气，提高员工风险意识，这对企业的发展是很有利的。

创业者要善于运用这一渠道，合理募集企业发展所需的资金，以免因为资金问题与机遇擦肩而过，而且要善于从多类型的债券融资类型中找出融资成本低，且适合企业的募集资金方式。

3.2.4：方便快捷、低门槛、低成本

淘宝针对卖家推出了一种“订单贷款”，即卖家与客户交易达成后，则可以此订单申请淘宝贷款。主要是用已发货中的买家交易款作为抵押，等买家确认收货后，则此交易款用于偿还订单贷款。这类贷款能保证卖家拥有充足的流动资金，以免因为买家太多且不及时确认收货，造成卖家资金短缺，

影响卖家生意。卖家只要有订单，发货后，就可以快速从淘宝得到订单贷款。除此之外，淘宝还推出了“信用贷款”，即无须担保、无须抵押，卖家只须凭借店铺信用即可贷款，这能解决淘宝卖家短时间内资金短缺的问题，支持随借随还，用几天收几天利息。

“订单贷款”和“信用贷款”在商业领域都可以看做是“商业信用融资”。随着经济发展，“商业信用融资”已经在商业社会中得以灵活运用，且成为企业募集短期资金时的一个重要方式。

所谓商业信用融资，指企业间在进行商品买卖时，双方以诚信为基础、以商品作为抵押的一种借贷活动。信用在经济市场中有着举足轻重的地位，一个没有信用的企业是无法在商业活动中生存下去的。企业在发展过程中难免遇到资金短缺的难题，此时就需要融资，而不管是股权融资、银行贷款，还是债券融资，都需要企业有一定的信用。从某种程度上来说，市场经济就是信用经济。

商业信用是经济活动中最为常见的债务债权关系，在现代经济活动很常见，对扩大企业生产，促进商品销售，促进市场流通，繁荣经济等提供了很大的帮助，积极促进社会信用体系的建立。

在商品活动中，企业利用自身的信用向客户收取产品或者服务的预付款、押金等，或者是延迟支付供货商的货款、投资者的利息等，这些都属于商业信用融资。一般来说，经济越是繁荣，则信用起到的作用越大。中小企业如果可以合理利用商业信用，便能募集一些短期资金，以解企业资金短缺的燃眉之急。

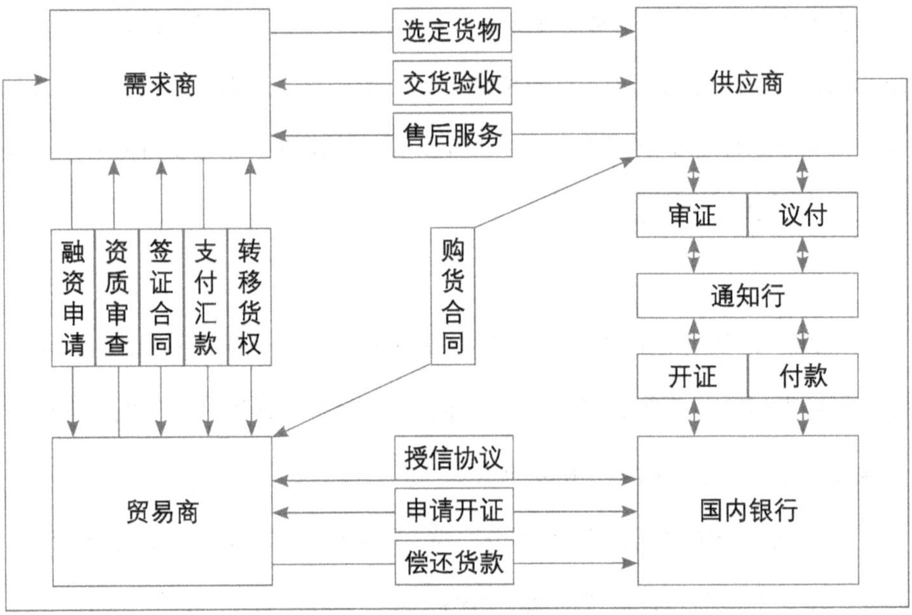

图 3-11　商业信用融资的流程

商业信用融资的方式

信用融资通常不需支付利息，如果能合理运用，则能筹集一笔资金，缓解企业的资金短缺问题，是现代商务活动普遍、常见的融资渠道。常见的商业信用融资的方式有应付账款融资、商业票据融资、预收货款融资等。

应付账款融资

指企业购买货物先不向对方付款而形成的债务关系，即卖方在一定条件

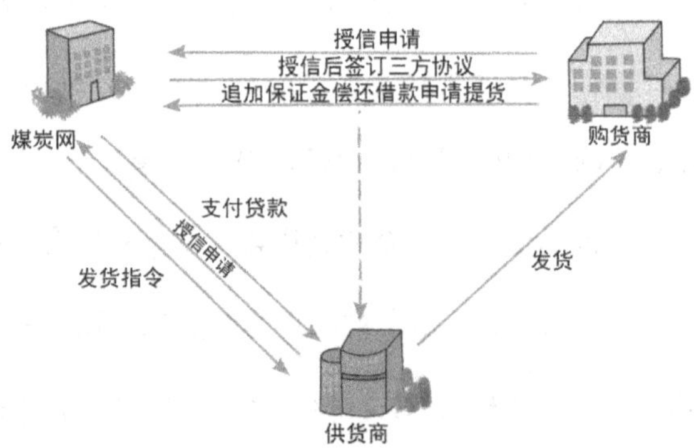

图 3-12　应付账款融资

下，允许买方可以先拿货不付款，双方约定在此后的某个时间段内完成付款的交易形式，如图 3-12 所示。对于中小企业来说，这种方式相当于从对方那里获得一笔无利息的贷款，无疑可以大大减轻企业的资金压力。对于卖方而言可以促进销售，减少库存，扩大市场份额。

不过这种方式的弊端在于，企业通常要放弃现金折扣。一般来说，货款付得越早，则折扣越多，因此企业实际上付出了机会成本。融资额度应有度，赊账购买的货物数量或者服务，应在企业能承受的范围内，否则到期还不上款，会影响企业的信用，影响下次信用融资。

商业票据融资

商业票据是指金融机构或者信用良好的大企业所开的短期票据，可以背书转让，满足一定的条件则可以提现，通常是不记名的。这种票据对企业的信用要求很高。在我国，商业票据通常指银行承兑汇票和商业承兑汇票。银行承诺到约定时间即付款的汇票，即银行承兑汇票；由信用良好，实力较强的企业承诺到约定时间即付款的汇票，即商业承兑汇票。随着经济发展，商业票据已成为结算过程中最常见的工具。

以往，商业票据主要是作为结算工具使用，而现在企业和银行则更看重它的融资功能。当企业需要资金时，则可以使用商业票据进行融资，缓解财务困境。一般来说，商业票据融资具有以下几个特点。

· 无担保无抵押，而是凭借企业自身的信用、实力进行商业票据融资。

· 多为短期，通常为 1 ~ 6 个月，最长不超过 9 个月。企业发行的商业票据以 6 个月为限，金融企业的商业票据以 9 个月为限。

·立即支付。商业票据具有明确的到期时间，到期后，债务人不得寻找借口或者以任何方式达到延期支付的目的，见票即付。

·利率低，且其面额就是发行价格。利率通常比银行贷款利率低。利率跟企业自身实力、金融市场环境、发行时间有关。

·受到的限制少。可以广泛发行，不受范围限制；可以筹集较多资金，不受数额限制；灵活度高，且能流通。不像其他融资方式那样有很多限制。

商业票据融资对中小企业的好处

（1）资金来源稳定，可提高企业的信用。对于中小企业来说，商业票据融资方式比从银行贷款要实际得多，容易得多。尤其是银行加强风险管理后，更是增加了小企业的贷款难度，且商业票据融资无须抵押和担保，对企业的规模、资产现状等也没有限制，手续方便，融资成本低。因此，这种方式值得中小企业广泛加以运用，如果能合理运用商业票据融资，则不失为重要的短期资金来源。另外，如将商业信用和银行信用结合起来，则能增加银行信用，提高企业的商业信用，增强信用融资能力。

（2）简单易操作，灵活度高。不受企业规模、资产现状限制，且易流通，灵活度高。

（3）降低融资成本。其利率通常比银行贷款利率要低很多。一些小企业只需将部分资金存入银行，即可以办理银行承兑汇票，解决了企业暂时资金短缺的问题，且易于支付，只需支付汇票办理的手续费。

（4）优化企业和银行的关系。一方面，商业票据融资可以满足企业短期的资金需求；另一方面，银行通过办理汇票收取相应的手续费，企业和银行实现双赢，且目前票据融资的风险要远远低于信用贷款的风险。随着商业票据融资方式的成熟和普遍，其也逐渐成为银行新的利润增长点。

预收货款融资

预收货款融资是指企业向买方提供商业信用，先预收部分或者全部货款。对于企业来说，这是一种短期融资的方式。使用这种融资方式有很多限制，如使用范围限制，多用于两种情况：买方购买紧缺的商品、急需或者必需产品；投入资金过多且生产周期较长的产品，如重型机械等。当买方信用不佳时，企业也常用这种方式，避免买方违约给企业带来较大损失。

企业预收货款，能减轻企业在生产产品上的资金压力，避免资金占用过多，可以以销促产，提高资金使用率。

预收货款融资的工作流程很简单，当买方认为企业可以按时交货，且产品质量合格、价格合理等，则双方就可以签订订货协议。企业收取一部分货款，并开具证明。

预收货款融资重点在于信用。企业要进行预收货款融资，则需具备以下几个条件。

（1）信用度高。企业应能保证产品的质量合格，交货时，如果产品质量不符合样品标准，出现质量问题，则买方有权退货，并要求企业退款和赔偿损失。

（2）企业运营一向良好，前景发展好。运营状况不佳的企业，很难取得买方的信任，更多会要求交货后付款，而不是提前支付部分款项。

（3）融资数额有限。融资数额应以产品价格为基础，不能超额。

（4）双方签订合同，明确双方的责任和义务，如对产品质量的要求、何时何地何种方式交货、怎么处理违约等，重点明确违约责任，包括最终产品质量与样品不符、延期交货、延期提货、数量不足等。出现这些违约，双方如何进行处理。合同期间如果买方不履行合同，则企业不需返回融资；相反，如果企业不履行合同，则需退款，并赔偿买方损失。这是从法律上对双方合法权益提供保障，确保合同得以履行。

在实际商业信用融资过程中，这三种方式并不是独立的，而是彼此联系有机结合的，灵活运用它们，以便提高融资效率。

企业找材料供货商购买一批原料，则可以选择预付货款融资，与供货商讲好一月后付款，然后企业找客户收取部分的预付货款，约定 25 天后交货，将这笔款拿去购买所需的设备、工具等，生产产品。产品如期交给客户，收取剩下的欠款，企业拿着欠款去找材料供货商付原料钱。

在这个过程中，企业灵活运用了应付账款融资和预收货款融资，两种融资方式结合运用，降低了企业的资金压力，以便企业腾出更多的资金，扩大生产或者开拓新业务。

商业信用融资的优势和劣势

商业信用融资是经济活动中最常见的短期融资方式，为中小企业的发展带来了极大的帮助。尤其是对创业者来说，自身资金有限，又达不到银行贷款的条件，通过商业信用融资无疑是种简单、低成本、可靠性强的融资方式。但任何融资工具都具有两面性，既有优势，也有劣势。其优势和劣势如表 3–14 所示。

表 3–14　商业信用融资的优势和劣势

优势	劣势
筹集资金简单方便，且无需办理筹集资金的手续，只需企业信用良好就可以筹集到资金，无抵押无担保，但须有度，违约后果严重	时间受限制，且多是短期；建立在长期形成的信用上，对于初次合作的企业信用融资则有点难度。万一违约，则大大影响企业信誉，增加下次融资难度
可以无成本募集到资金，且不需支付利息，筹集成本低；当有现金折扣时，则存在实际成本，或者用预收货款	融资数额有限，这种融资方式只适用于企业短期的小数额融资，只能解企业燃眉之急
范围限制小，方式灵活，条件要求少；可以长期利用，对单一的信用融资来说，是短暂的，但是从信用融资整体来看，具有长期性	虽然有时信用融资可以说无成本的，但在某些情况下，成本很高，如有现金折扣，企业放弃现金折扣，则需付出很大的成本

商业信用融资在生活中很普遍，如饭店、美容店、健身会所、汽车清洗店等，采用向客户预收服务费的方式，灵活地募集到一笔资金，且这笔资金是无利息的，企业在募集资金后，又能稳定企业的客户源，因此合理运用能增加企业的价值。

商业信用融资一定要注意度，不要滥用，否则这些资金无法成为企业的“加速器”，反而会给企业发展带来极大阻力。尤其是违约对企业的影响更甚，因此要谨慎使用。

解决企业资金难题的方法很多，不应局限在向银行贷款这一渠道上，还可以灵活利用商业信用融资。利用低门槛低成本的商业信用融资，则可以实现“用别人的钱来创业”，将有限的资金最大化运用，谋取最大化效益。

3.2.5 民间借贷：及时、简便来钱快

民间信贷概述

自改革开放以来，我国的经济快速发展，中小企业如雨后春笋般冒出来，数量庞大，成为社会经济发展中不可忽视的力量。随之而来的是中小企业对资金的需求量增加，商业银行的贷款已无法满足这些企业的融资需要，因此它们逐渐选择了及时、简便、来钱快的民间借贷，满足企业的资金需求，扩大生产。如图 3–13 所示。

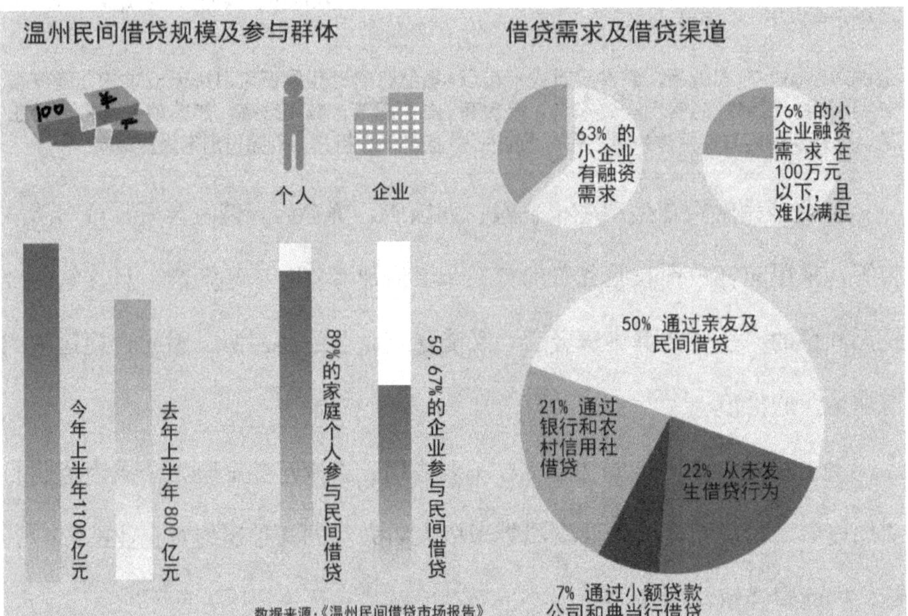

图 3–13 民间借贷市场

民间借贷，指法人、企业组织、自然人等经济主体之间的资金借入和借出活动，主要包括公民与公民间、公民与法人、公民与其他组织的借贷行为。

民间借贷是民间金融的一部分，是对国家依法设立的金融机构的补充。2003年，国家逐渐地将民间小额信贷的限制一一解除，并予以政策支持，将民间借贷引向阳光化、规范化、合法化的道路上，民间借贷得以蓬勃发展。

在传统文化中，家庭、家族、亲朋是个很重要的观念，彼此互相帮忙，同舟共济，从而为民间借贷的出现提供了基础。创业者受困于资金问题，是民间借贷快速发展的温床。由于企业的不规范、规模小等原因，导致难以从正规渠道获得所需的资金。民间借贷手续简单、方式灵活、来钱快，不像金融机构那样需对借款人的条件进行严格审核，甚至需要担保，且贷款审核时间过长。正是基于此，民间借贷得以快速发展，成为中小企业融资的重要方式。

据全国工商联的数据显示：每年都有大量的中小企业难以从银行募集到资金，于是只好通过民间借贷募集资金。从表面上来看，民间借贷具有如表3-15所示的几个特点。

表 3-15　民间借贷特点

特点	具体表现
具有灵活、效率高、期限短的优点	民间借贷从申请到资金到位最快三天就可以到账，效率非常高，体现出民间借贷的“随需随借”的优势。企业通过民间借贷融资，满足生产以及资金流通的需求

续表

特点	具体表现
借贷双方出于自愿，虽贷款利率高，但需求很旺	民间借贷利率比银行贷款利率要高很多，但一般不超过同类型银行贷款利率的4倍（超过部分所获的利润，国家不予保护）。利率随行就市，灵活度高，借贷手续简单，是企业快速募集资金的有效途径。很多企业将各种不动产、动产等抵押给借款人，因此尽管民间借贷存在一些不规范的情况，但整体的违约率较低
吸引力强	由于利率高，社会闲散资金都被吸引过来，甚至一些消费的资金也被吸引过来，从某种程度上来说，减轻了银行的信贷压力
生机勃勃，挑战现有的金融体制	民间借贷凭借着诸多优势，成为中小企业募集资金的重要渠道。这对金融机构来说，无疑是种挑战。金融机构要想赢得众多中小企业客户，则需从思想上改变以往的观念，树立“小企业大收益”的观念，重视中小企业客户，对现有体制进行改革，优化信贷审批流程，简化手续，在担保抵押等方式上进行创新，为中小企业提供优质服务

民间借贷的优势与劣势

民间借贷作为正规金融机构的补充，且其利率往往超过银行贷款的利率。然而这却并没有给其发展带来阻碍。相反，随着经济发展，中小企业数量的增加，民间借贷越发繁荣了。这主要归功于民间借贷所具有的优势，如表3-16所示。

表3-16　民间借贷的优势

民间借贷优势	具体表现
互助型特点	最初，民间借贷通常出现在城乡居民、个体户、私营企业间，他们用自己的闲散资金帮助对方度过资金短缺时期，有时是无偿提供，有时则象征地收取利息。借贷双方很熟悉，彼此见面，说下资金问题，约定好借款数额、期限、利息，打个借条，甚至是口头约定，就完成了借贷。个人有时也会向亲朋好友借款，数额较少，一般不需支付利息。企业间借贷数额较大，有时甚至达几千万。后来慢慢发展壮大，也出现了专门借贷的民间贷款公司 互助型借贷通常不将盈利放在首要位置，而是更看重彼此关系。这样你帮我、我帮你，形成一个良好的循环。互助型借贷资金常用于一些急用，如企业银行贷款到账，但客户货款尚未到账，这时企业会选择时间短、到账快的民间借贷

续表

民间借贷优势	具体表现
低门槛，要求少，成本低	一般而言，只要说清借贷金额、期限、利息，再加上还款能力，或者将动产、不动产等用于担保，便很快便能募集到资金。另外，民间借贷省去了很多中间环节，如去公证处、鉴定、验资等手续，节省了不少费用，降低了融资成本。可以跟个人借款、还可以跟各种民间贷款公司贷款，不愁找不到资金提供者
资金利用率高	金融机构贷款大都有一定的期限，未到期就偿还一般不予以利息优惠。而民间借贷不同，可以即借即还，小企业资金有限，使用率很高，可能一时不需资金周转，一时却又急需资金，因此民间借贷满足了小企业对资金需求的这种特点。 由于所借的资金是有利息的，因此企业会合理利用这笔资金，提高其利用率，以便谋取最大化的收益。等企业资金问题宽松些，则可以将多余资金偿还贷款，降低融资成本
到账快速	企业向银行申请贷款，即使顺利，要拿到贷款。大概得需要一个月时间，就是信用程度很高的长期合作的大客户，也得十天左右时间到账。而民间借贷普遍三五天就可以到账，要是肯支付高利息，甚至当天就能到账

民间借贷的劣势

相比商业银行等正规金融机构，民间借贷有其优势，也有其劣势。常见劣势如表 3–17 所示。

表 3–17　民间借贷的劣势

民间借贷的劣势	具体表现
融资成本高	民间借贷利率通常比银行贷款利率高，有时会高出数倍；对于无法从金融机构获得融资的企业来说，不得不接受高息贷款，加重了企业的财务负担；甚至导致了高利贷的出现，扰乱利率市场，影响金融环境，对经济带来不利影响
易产生债务纠纷	手续简单、高效是民间借贷优点，但同时也是缺点，极有可能埋下风险隐患；有些民间借贷在手续上不符合法律规定，双方在很多方面未有明确的约定，如偿还方式，很容易引起纠纷
质量良莠不齐	只要有闲散资金，都可以用来借贷，因此从者众；各种民间借贷机构层出不穷，难以辨别；甚至有人打借贷的名义进行金融诈骗；一旦双方产生纠纷，可能会面临民间借贷催款公司催款
一旦出事，牵连甚广	虽然民间借贷多是小额资金，但是资金来源牵涉广泛人数多，多为社会基层个体；一旦有纠纷产生，负面影响深远

续表

民间借贷的劣势	具体表现
干扰信用体系建设	资本是逐利的，民间贷款的高利息导致贷款人具有一定的盲目性和集中性。有些人是挪用企业资产或者金融机构资产私下进行民间借贷，严重干扰信用体系的建设

民间融资的风险防范

正是由于具有很多优势，民间信贷日趋活跃。不过小企业在民间借贷过程中要注意防范风险，尤其是法律风险。相比其他融资工具，民间借贷由于情况复杂，具有盲目性，风险很高，且民间借贷中介机构良莠不齐，更是给民间借贷融资增加了风险。因此，企业在通过民间借贷方式进行融资时，要注意防范风险，以免“非法集资”，或者上当受骗。

合法借贷，签订借贷合同

中小企业在进行民间借贷融资时，一定要遵守相应的法律法规、签订借贷合同，将利息多少、利率多少、还款时间、还款方式、提前还款等常见问题都写在合同里，切实保护自身利益。根据《民法通则》的规定：“合法的借贷关系受法律保护”，将借贷合法化，则能避免很多因债务产生的纠纷。

借贷双方应出于自愿。任何一方采用胁迫、威胁等方式，或者其他原因，导致对方在违背真实意愿的前提下所形成的借贷关系都是无效的，法律不予保护。

还款能力

民间借贷虽手续简单、条件低，但是融资数额要有个“度”，这个“度”是以企业自身的资产现状、盈利能力、还款能力等决定的。民间借贷利率高，募集资金过多，则成本高，如果企业无法保证还款能力，将会给企业带来严重的危机。

法律风险

民间借贷中常见的法律风险有合同内容不规范、不明确的法律风险，以及款项交付不明确的法律风险、违约的法律风险，如表 3–18 所示。

表 3–18　民间借贷常见法律风险

常见的法律风险	具体表现及防范
合同内容不规范、不明确的法律风险	借贷合同应含有以下内容：企业和出借人的名字；款项用途；借款金额大写；借款时间；利率多少；还款时间；违约责任；抵押物品或者担保等。避免产生类似因内容太简单，被对方篡改等合同不规范的法律风险
款项交付不明确的法律风险	如企业按照出借人要求将大额的现金交付给对方所委托的第三方，然而事后出借人却对此否认而导致的风险。在借贷合同中应明确还款信息，包括还给何人，以何种方式，并且要出具收款凭证
违约法律风险	如企业无法按时偿还资金，违约风险针对的是借贷双方，在合同里将违约后的处置办法写进去

民间借贷公司的选择风险

民间借贷因为利率高而吸引了大量的闲散资金，各种民间借贷公司也竞相成立，但鱼龙混杂，很多借贷公司存在问题，甚至违法经营。因此企业要选择正规合法的民间借贷公司，避免因选择不当而给企业带来风险和损失。

（1）要查看借贷公司的营业资质、公司成立的时间。民间借贷是个特殊行业，信贷公司初成立的一两年内，风险很高，而正规、专业的借贷公司往往可以通过考验，不过很多不正规、不专业的借贷公司则没那么幸运了。

（2）打听信贷公司的信誉，查看其信贷流程。信誉不是凭空得来的，而是公司诚信运营日积月累得来的，信誉好的公司在业务上必然比较规范。

如在信贷过程中，会有抵押评估、抵押登记、合同签订，通常会有律师做见证，将借贷合同化、合法化，保障借贷双方的利益。

（3）多比较和注意利率。各家民间借贷公司的利率是不同的，且差异较大。企业要多看几家，不要急于求成，多对比，选择利率较低且正规的民间借贷公司。法律规定，民间借贷的利率可以高一些，但不能超过银行同期贷款利率的四倍。超出部分，不受国家保护。利率过高，则企业需要小心了，可能是某些不合法的"地下银行"在采用民间借贷公司方式放高利贷。

民间借贷的流程

一般来说，民间借贷的业务流程是很简单的，如果是需要担保的，如土地担保，那么一般流程如图 3-14 所示。

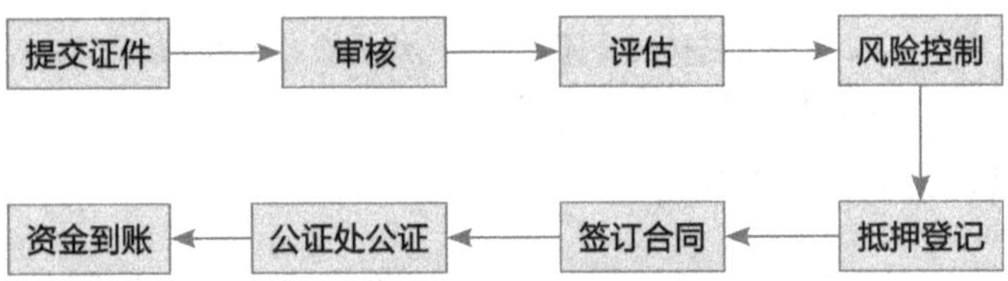

图 3-14　业务流程

提交证件：包括企业的营业执照、税务登记证、法人代表等证件；企业家的证件，结婚证、身份证等；土地使用证；信用报告等。

审核：主要指民间借贷公司或者个人对客户资料进行审核，核查企业上交资料的真实性。

评估：指对抵押物、企业价值等进行评估。

风险控制：起草相应的防范方案，核对企业的还款能力及还款计划。

抵押登记：到土地中心进行抵押登记。

签订合同：双方达成一致，敲定合同。

公证处公证：进一步切实保护双方的利益。

资金到账：资金快速到账，企业缴纳利息

民间借贷成为中小企业短期融资的重要渠道，尤其是随着创业热潮的兴起，民间借贷发挥越来越重要的作用。但企业在借贷过程中，需加强风险防范意识，须知“民间借贷风险不低，高息贷款需小心”。

3.2.6 融资租赁：持久灵活压力小

成都具有丰富的旅游资源，是蜚声国际的旅游都市，每年吸引着众多国内外游客。某家公司看中旅游热点，制订了地产和旅游产业结合的发展计划，一边开发房地产，一边在房地产附近开发主题游乐园，没想到房子一经推出，即刻售罄。公司决定延续这个计划，多开发几个项目。虽然一期项目获得了很大的收益，但所得资金大都用于房地产开发了。如果继续开发，公司的资金不足。公司负责人发现，在后续项目中，设施设备在整个投资中占较大比例，如果可以解决设备所需的资金，那么后续项目就可以顺利进行。

经过咨询，将多种融资方式进行对比后，负责人决定用融资租赁的方式解决此难题。经过多方考察，加以对比、分析后，负责人选择了一家金融租赁企业。租赁企业对公司进行考察，发现该公司一期运营很好，后续项目开发的前景很好，并估算出公司在未来三年内的利润，总体来说，是个优质的租赁项目。

公司和租赁企业达成融资租赁方案：即公司可以自己选择游乐园的设备生产商，采购设备，所需的资金由公司负责30%，余下的70%由租赁企业负责，租赁期为三年。租赁期间，公司拥有设备的使用权，按期支付租赁企业租金，并负责设备运输、保养等问题。租赁期结束后，公司负责购买设备。如此一来，公司既解决了因设备而造成的资金短缺问题，又能让后续项目得以继续开发。

资金到账后，该公司立即着手开发后续项目。项目深受客户喜爱，房产很快销售一空，公司从中获得了大额利润。三年后，该公司从租赁企业里将设备购买过来。此时该公司由于游乐园加房地产的项目获得成功，已经跻身于全国百强公司。目前该公司正在谋划上市。

由案例可知，融资租赁帮助该公司及时获得了一笔款项，解决了因设备而产生的资金短缺问题。公司因此把握住扩大发展时机，游乐园和房地产项目都获得成功，自此迈入快速发展时期，逐渐壮大，成为百强企业。

融资租赁，指企业通过租赁设备的方式维持生产或者是扩大规模。企业不用购买设备，只是向租赁机构租设备。在租赁期间享有设备的使用权，按期交付租金，等租赁期结束，企业可以停租、续租，或者是购买设备。

在“二战”期间，美国由于工业过度发展，导致很多厂商的设备根本推销不出去。为了推销设备，厂商为客户提供金融服务，可以分期付款，但是设备所有权和使用权都转移到客户身上，风险较大，因此有人提出厂商保有所有权，客户只是拥有使用权，按期缴纳租金，这就是融资租赁的起源。

改革开放后，融资租赁的方式在国内逐渐兴起。很多企业使用融资租赁的方式租先进设备，提高生产效率，促进产业升级等，后来逐渐演化为经济活动中普遍、常见的一种融资方式。

融资租赁的特征

融资租赁的主要特征是租赁物件所有权和使用权的分离。如图 3–15 所示，租赁企业购买租赁物件，向租赁物件制造商支付款促进销售项购买租赁物件，拥有租赁物件的所有权；承租人为了获得租赁物件的使用权，需和租赁企业签订合同，支付租金。在租赁期间，承租人要负责租赁物件的管理、维修、保养等；租赁合同一旦签订，不得随意违约，不然要支付高额的罚金。在租赁物件损坏的情况下，双方可以协商中止执行合同。租赁期结束后，企业可以选择购买租赁物件，也可以退租、续租。

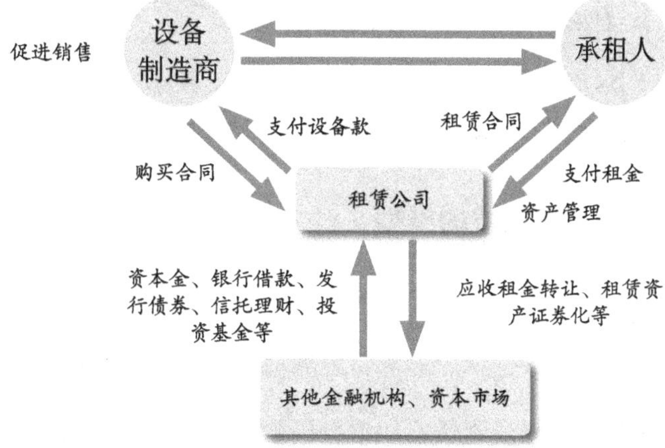

图 3–15 融资租赁

可以看出，融资租赁方式和分期付款有相似之处，但两者之间存在很多差别，如表 3–19 所示。

表 3–19 融资租赁和分期付款的不同

区别	融资租赁	分期付款
所有权与使用权	只有租赁物件的使用权，无所有权	有物件的所有权
折旧成本	不需承担折旧成本（事实上，折旧成本可能含在租金里）	需承担折旧成本
期限	通常与租赁物件的经济寿命一样	期限明显低于物件的经济寿命

续表

区别	融资租赁	分期付款
购买数额	需全额信贷，甚至连物件的运输、保险等都由承租方负责	只需付款一部分
付款时间	一般租赁开始即付租金，先付租金后使用	多在每期期末付款
期后对物件的处理	所有权和使用权都归于出租人	可以任意处理

融资租赁的类型

融资租赁的类型很多，因此中小企业通过这种方式融资时要以自身的情况为基础来选择。如项目发展前景乐观，又不想影响企业其他业务，则可以选择项目融资租赁；如果融资数额过大，则可以选择联合融资租赁。在融资租赁上，企业要灵活处理，选择最适合企业的融资租赁类型，降低融资成本，提高融资效率。常见的融资租赁的类型如表 3-20 所示。

表 3-20　融资租赁的类型

类型	具体表现
直接融资租赁	承租人自行选择所需的租赁物件，出租人购买租赁物件，然后出租给承租人，承租人支付一定的租金而拥有使用权，并在租赁期间负责租赁物件的保管、保养和维修等
委托融资租赁	指有第三方参与的融资租赁。出租人接受委托人的委托，并签署书面委托，将租赁物件租给委托人所指定的承租人，并签订融资租赁合同。出租人不承担风险，只收取相应的委托费用
联合融资租赁	指多家融资租赁企业对同一个融资项目提供租赁融资服务，各家融资租赁公司按各自出资数额的比例，承担相应的项目风险和收益。出资较多的那家租赁企业即是牵头人，租赁合同则是承租人与牵头人敲定的 这种方式好处在于可以募集大额资金、享受税收好处、风险低，主要用于大型设备的融资租赁
经营性租赁	指出租人将租赁物件多次反复租给承租人，承租人支付租金的一种方式。与其他方式最大的区别是经营性融资租赁合同具有可撤销性。这种方式能提高企业的灵活性，市场条件好，则扩大生产，市场条件差，则退租
其他融资租赁方式	如分成租赁、售后租回融资租赁、国际融资租赁、融资转租赁等。方式多样，可以满足中小企业多样化的融资租赁需求

融资租赁的优势

1. 扩宽企业的融资渠道

融资租赁对企业自身资产、信用、规模等限制较小，而小企业在经营上通常存在不够规范、不够透明等缺点，这也是企业难以从银行获得融资的原因，但融资租赁对此要求低，且不需担保，审核手续简单、操作便捷，利于中小企业融资。

2. 融资费用低，效率高

虽然融资租赁要支付一定的租金，以及租赁物件的运输费、保险费等，但整体来看，仍低于银行贷款所要支付的利息。融资租赁将采购和租赁合二为一，能大幅提高效率。通过融资租赁，企业能够快速解决资金短缺问题，尽早取得设备的使用权，早投产，早收益，抓住稍纵即逝的机遇，占领市场。同时这种方式常用于引入先进设备上，因而企业率先使用，又增强了企业的竞争力和综合实力。如采用售后租回融资租赁，则能为企业带来流动资金，企业可自行安排这笔资金。

3. 回避政策性，具有逆市发展优势

有些设备的购买需要满足一些条件，受到各方的限制，采用融资租赁，则能有效回避这些限制。融资租赁的作用，一是融资；二是实现促销。市场环境好，急需扩大生产时，则能利用它的融资功能；市场环境差，缩小生产规模时，则能利用它的促销功能。因此它具有逆市发展的优势。

4. 税收优惠，具有节税优势

关于设备折旧年限，国家有明文规定：“企业使用融资租赁方式所获得设备，其折旧年限可以根据国家有关设备折旧的规定与租赁期限对比，可以选择期限较短的，但折旧年限最少得三年”。加速折旧，将折旧费用归入成本，这样当期所得税缴纳就会降低，比税后还贷要节省不少企业费用，因此融资租赁具有节税功能。

5. 企业负担低

银行贷款通常是每笔资金贷出，然后到期时全款收回，这种还款方式对中小企业带来很大的资金压力。而融资租赁不同，融资租赁企业能根据承租方的条件（资产情况、销售额度、未收货款等），为承租方量身打造一个合理、灵活的还款方式，如延期还款、递增还款、递减还款等，使企业不必面临太大的还款压力。

事实上，融资租赁的方式不仅对企业有好处，对设备生产商、对租赁企业等都有好处。设备生产商可以增加销售、有回款，租赁企业则可以获得相应的手续费收入和相应的租金。

虽然融资租赁有很多优势，但企业在实际融资租赁中常遇到难题，常见难题如表 3–21 所示：

表 3–21　融资租赁的难题

难题	内容明细
租赁企业太少	企业有融资租赁的倾向，但是难以找到租赁企业，很多租赁企业只是推销他们自己的产品，而不涉足其他产品 随着中小企业数量增多，专门为中小企业提供融资租赁服务的机构逐渐增多，能为中小企业提供更多的融资租赁选择
可使用融资租赁机会少	并不是所有的设备都适合融资租赁，一般都是大型、价格昂贵的设备，或是企业专用的设备。常见的、普遍的设备通常不适合融资租赁。因此，企业实际上可以运用融资租赁方式的机会很少

续表

难题	内容明细
纠纷很多	融资租赁虽然手续简单、限制条件少，适合中小企业，但在实际租赁过程中，双方可能会因为很多原因而导致纠纷不断，如设备的过度使用等
租赁企业自身资金限制	由于融资租赁所租用的大多是大型、价格高的设备，租赁企业要拿出高昂的资金去购买，因而会受到很多限制

创业者在融资租赁过程中，要注意融资租赁合同的完善，包括设备折旧、设备使用、维修、保养、还款方式等都要有详细的条款，避免与出租方产生纠纷，为企业运营带来不确定性。虽然提供融资租赁服务的企业或者机构很少，但不要急于求成，而是多找几家，多对比，寻找对企业最有利的融资租赁企业或者机构。

融资租赁的操作流程：

· 承租人提出融资租赁请求，提供申请书以及租赁企业审核所需资料。

· 租赁企业对承租人的资料进行审核、考察，然后将结果告知承租人。

· 符合租赁要求，双方签订融资租赁合同、购销合同。

· 租赁企业向租赁物件生产商购买设备。

· 租赁企业将租赁物件运输到承租人所在地，由承租人接收（运费一般由承租方支付），签署验收确认书。

· 租赁物件投入使用，承租人支付首期资金。

· 租赁期间，承租人负责租赁物件的保管、维修、保养，期间出现意外，租赁企业不承担责任。

· 租赁期限到，企业可以退租、续租或者购买租赁物件。

在创业过程中，创业者要灵活运用各种融资渠道，不要一有资金难题就去银行。不要将眼光局限在某一融资渠道上，如只想通过银行融资。更不要因为受挫而放弃尝试，“别为一棵树放弃整片森林”，而要多想办法。如对于价格高昂的设备，则可以使用融资租赁的方式，既可以减轻企业的资金压力，还可以快速投入生产，占领市场。懂得变通，灵活运用，才能更加自如地应付企业未来可能出现的资金问题。

PART4

用钱：巧妙运用每一笔融资

对于企业来说，融资只是第一步，如何合理利用每一笔融资才是重中之重，毕竟融资是有成本的，如果不能合理运用则会给企业带来沉重的财务负担。对每一笔融资，企业应做好使用计划，并聘请专业人士来帮助企业打理，设置合理的财务机构，做好财务管理。

4.1 不懂财务，创业者可能在为别人打工

创业道路上充满了无数的风险、艰辛。创业者要与工商局、税务局、基金组织等打交道；企业要进行融资，则需与银行等金融机构沟通；随着企业慢慢发展，则要对上市、股票等有所了解，哪怕是了解一下企业账面上还剩下多少资金，都需要懂得财务知识。因此，如果创业者不懂财务知识，那么已然在起跑点上落后了。

财务管理是企业管理的重要环节，对于创业者来说，如果懂得财务管理，则能将错综复杂、千头万绪的创业工作变得简单清晰，还能根据企业财务状况调整发展战略和方向。在创业之初，企业的任何活动基本上都建立在财务基础上。要想企业走上正轨，创业者就要对财务状况有大致了解。

财务状况指某个时间段内企业财务上的资金使用情况，是这段时间内企业运用状况以及成果的反映，如图 4–1 所示。对财务状况有了大致了解，就

• 财务状况

	2006 年度 1–9 月	2005 年度	2004 年度	2003 年度
主营业务收入	482,561,327.85	492,522,766.15	437,855,017.19	349,428,194.87
主营业务利润	127,984,869.86	156,244,173.68	117,359,304.87	65,149,244.35
利润总额	83,574,041.69	99,416,717.10	61,853,855.69	35,520,652.22
净利润	70,675,136.83	82,510,414.87	51,760,801.75	30,088,942.72

图 4–1　财务状况

相当于航行在海洋中，手中有个指南针，能够指引方向，不至于与目标航地偏差太多。

了解企业的财务状况，对创业者来说有很多好处：首先可以帮助创业者了解企业自身的实力，增加决策科学性、合理性；其次，了解企业所面临的资金问题，合理使用和分配资金，提高资金的使用率，或者是为融资做准备；再次，了解财务的基础知识，能够合理安排利益分配、福利、工资等，提高员工的积极性，增强企业的凝聚力和竞争力；最后，通过财务管理可以了解目前企业资金使用中存在的问题，严防浪费，将有限的资金最大化合理运用，获取最大化收益。

创业者初步了解企业的财务状况，可以由财务报表开始。

财务报表即财报，能反映企业在过去某时间内的财政状况及成果。它通过将烦琐的财务数字，加以分类、量化表达，由企业各方面情况信息概括汇整而成，使人们能够一目了然。

财务报表通常由资产负债表、现金流量表、损益表组成。除了这三部分，有人提出应将股东权益变动表纳入财务报表中。有这些报表，创业者就能分析企业的财务状况，而且这些报表在融资中经常需要用到，是银行等机构判断企业资产状况、盈利能力、还款能力等的基础。

资产负债表

资产负债表指能够反映企业在过去某时间段内的所有资产、负债及所有者权益信息的会计报表。它以平衡公式“资产 = 负债 + 所有者权益”为依据，将企业的资产、负债等分为资产和负债及股东权益，然后将某个时间内的数字情况填充上去，即浓缩版的资产负债表。

通俗地说，有了资产负债表，我们就能知道这家企业的资产负债状况，若有富余，富余多少？若是欠债，欠债多少？当然，资产负债表在时间上有一定延迟性，因为昨天还富余，不代表今天也富余。根据平衡公式，资产总数额相当于负债加上所有者权益。简单地理解就是，企业目前所拥有的资产，有一部分是企业自身就有的，另外一部分则是借来的，自身有的资产加上借来的资产就是企业的总资产。在会计学中，这叫“勾稽关系”。表 4-1 即是企事业单位资产负债表的格式。

表 4-1　企事业单位资产负债表的格式

编制单位:　　　　　　　　　　　年　　月　　日　　月份　　　　　　单位：元（以下至角分）

科目编号	资产部类	年初数	期末数	科目编号	负责部类	年初数	期末数
	一、资产类				二、负债类		
101	现金			201	借入款项		
102	银行存款			202	应付票据		
	其中：财政专户存款			203	应付账款		
105	应收票据			204	预收账款		
106	应收账款			207	其他应付款		
108	应付账款			208	应缴财政专户款		
110	其他应收款			209	应缴财政专户款		
115	材料			210	应缴税金		
116	产成品				负债合计		
117	对外投资						
120	固定资产				三、净资产类		
124	无形资产			301	事业基金		
	资产合计				基中：一般基金		
					投资基金		
				302	固定基金		
				303	专用基金		

续表

科目编号	资产部类	年初数	期末数	科目编号	负责部类	年初数	期末数
				306	事业结余		
	五、支出类			307	经营结余		
501	拨出经费				净资产合计		
502	拨出专款						
503	专款支出				四、收入类		
504	事业支出			401	财政补助收入		
505	经营支出			403	上级补助收入		
509	成本费用			404	拨入专款		
512	销售税金			405	事业收入		
516	上缴上级支出			409	经营收入		
517	对附属单位补助			412	附属单位缴款		
520	结转自筹基建			413	其他收入		
	支出合计				收入合计		
					负债部类总计		

单位负责人（签章）　　　　会计（签章）

从资产负债表中，创业者就能了解企业的资产负债率。资产负债率等于负债总额除以总资产数额。财务学认为，在我国，资产负债率较为理想的是40%左右。有些上市企业可能高些，但通常也不会超过50%。创业者管理企业要保持适度负债，负债率过高，则风险太高；负债率太低，则显得保守，不利于企业扩张。

现金流量表

现金流量表是以收到现金或者是付出现金为标准（收付实现制），主要反映在某一时期内企业的现金流动（增减）情况。从组成内容来看，它与资产负债表、损益表等相同；从用途上可以将其分为经营活动、投资活动、融资活动三大类。通过现金流量表就可以得知，企业账面上是否还有资金，能否满足接下来的运营需要。

通过现金流量表，我们可以看出在这段时间内有多少资金流入企业账户，有多少资金流出企业账户，还余下多少资金。这里也有个“勾稽关系”，即余下的资金数额等于流入资金减去流出资金。

表 4-2 就是企业的现金流量表格。

表 4-2　一般企业现金流量表格式

编制单位：　　　　年　　月　　日　　　　单位：元

项目	本期金额	上期金额
一、经营活动产生的现金流量：		
销售商品、提供劳务收到的现金		
收到的税费返还		
收到其他与经营活动有关的现金		
收到的税费返还		
收到其他与经营活动有关的现金		
经营活动现金注入小计		
购买商品、接受劳务支付的现金		
支付给职工以及为职工支付的现金		
支付的各项税费		
支付给职工以及为职工支付的现金		
支付的各项税费		
支付其他与经营活动有关的现金		
经营活动现金流出小计		
经营活动产生的现金流量净额		
二、投资活动产生的现金流量：		
收回投资收到的现金		
取得投资收益收到的现金		
处置固定资产、无形资产和其他长期资产收回的现金净额		

续表

项目	本期金额	上期金额
处置子公司及其他营业单位收到的现金净额		
收到其他与投资活动有关的现金		
投资活动现金流入小计		
购建固定资产、无形资产和其他长期资产支付的现金		
投资支付的现金		

通过现金流量表，创业者可以发现企业运营是否良好。在日常运营中，如果企业现金流无法支付股利以及满足生产需要，而不得不从外部借款，那么创业者就需警惕了，这表明企业发展存在问题。现金流无法维持企业运营的日常开支，时间一长，企业必然负债严重，从而影响企业未来的发展。

损益表

损益表是记录企业在某段时间内运营的结果，是实现收益还是产生亏损的会计报表，包括这段时间的销售收入、营销费用、销售成本、管理费用、财务费用、所缴纳的税额等，将其汇整，即损益表。

通过损益表可以看出在某个时间内企业的损益。如果是实现收益，那么获益多少；如果是亏损，那么亏损多少。通常而言，损益表多是概括某个月、某季度、某年的损益情况，如表 4–3 所示。这里的“勾稽关系”是利润等于收入减去成本。

表 4–3　损益表

项目	本年数
一、营业收入	77940

续表

项目	本年数
减：营业成本	55266
营业税金及附加	550
销售费用	1250
管理费用	2500
账务费用	148
资产减值损失	1860
加：公允价值变动收益（损失以“一”号填列）	2620
投资收益（损失以“一”号填列）	1700
二、营业利润（亏损以“一”号填列）	20686
加：营业外收入	1279
减：营业外支出	350
三、利润总额（亏损总额以“一”号填列）	21615
减：所得税费用	5340
四、净利润（净亏损以“一”号填列）	16275

通过损益表，创业者可以得知某个时间内企业是否盈利，利润有无增长，找到利润增长或者亏损的原因，从而采取措施加强或者改正。毕竟能够创造利润是企业可持续发展的重要前提。

股东权益变动表

它是指在某个时期内，所有者权益的增加或者减少的情况的会计报表，包括股本、资本公积、库存股、盈余公积、未分配利润、所有者权益的数额变动（见表 4-4）。它原本用于补充资产负债率，后从中脱离出来，作为单独报表。

通过股东权益表，我们可以看出企业在某个时间内股东人数、权益等是否有较大变化，企业是否公平对待股东等。创业者由此可以发现造成股东权益增加或者减少的原因，为下一步决策提供依据。

表 4-4　所有者权益变动表的格式

编制单位：　　　　年度　　　　单位：元

项目	本年金额						上年金额					
	实收资本（或股本）	资本公积	减：库存股	盈余公积	未分配利润	所有者权益合计	实收资本（或股本）	资本公积	减：库存股	盈余公积	未分配利润	所有者权益合计
一、上年年末余额												
加：会计政策变更												
前期差错更正												
二、本年年初余额												
三、本年增减变动金额（减少以"一"号填列）												
（一）净利润												
（二）直接计利所有者权益的利得和损失												
1. 可供出售金融资产公允价值变动净额												
2. 权益法下被投资单位其他所有者权益变动的影响												
3. 与计入所有者权益项目相关的所得税影响												

创业者要把握企业的财务状况，就要弄清企业的盈利来源。我们通过了解主营业务收入、主营业务利润、其他销售收入、利润，从中就能大体算出企业的整体收入；通过资产负债表，看企业最近各项投资中的现金流动及负债情况，就能把握企业目前的债务状况；而通过现金流量表则能发现企业的现金流是否满足日常运营需求以及扩张需求，及时发现问题，以免造成不可

挽救的损失。

资金是企业的“血液”，唯有让其合理地流动起来，才能产生效益。资金的生命力在于流动，资金流动，企业运营就顺畅，资金流动可以带动企业各个部分都流动起来；如果资金不流动，则会造成浪费，无法产生效益。唯有提高资金的利用率，才能从中获取较高收益，增加企业价值。

在“大众创新，万众创业”的号召下，越来越多的人投身于创业热潮中，但创业并非谁喊得声高谁就能获得成功。而且从收集到的数据来看，创业过程中最难的并非业务，而是财务。

很多人觉得这不可思议，但财务却是众多创业之人的痛点。企业离不开财务，初创企业发展受限于财务问题，同时由于创业者对财务问题不熟悉，很可能走弯路或导致创业失败。

创业者作为企业的管理者，财务管理是企业管理的重中之重。创业者对企业财务状况有大致了解，就能有效协调企业生产、营销、销售、经营等每一环节，能合理筹集、分配和使用资金，从而更好地把握企业的发展方向，对偏离目标的经济活动也能及时予以纠正，最大化保证企业的利益，帮助企业从激烈的市场竞争中脱颖而出。

4.2 会找钱还要会管钱，找一个优秀可靠的财务管家

对于创业者来说，由于自身能力、精力和时间有限，不可能事必躬亲、亲力亲为。当然，创业之初，创业者往往会身兼数职，不过等企业规模稍微大些，他们就会分身乏术，因此这时就需要寻求专业的人才来帮忙。而财务管理作为企业管理的重中之重，又涉及企业的很多秘密，而且资金又是企业的“血液”。因此，创业要想成功就需要一位优秀可靠的财务管家。

财务经理对企业的重要性体现在如表 4–5 所示的四个方面。

表 4–5　财务经理的重要性

表现	具体内容
协助作用	协助企业制定各种与资金运营有关的方案，如投资方案、融资方案、利润分配方案等。财务经理虽不能决定这些方案，但确实这些方案的制定者
财务决策	企业的运营离不开资金，尤其是一些重大决策，首先要考虑与其相关的财务问题，作出合理正确的财务决策 财务经理要有自己的想法，不能盲目听从经营者，如有些财务经理明知经营者的决策。不符合企业目前的财务状况，却投了支持票，最后出问题了，这就是财务决策没有做好
参与经营决策	企业日常运营中的定价决策、应收款项决策、应付款项决策等经营决策都需财务经理参与，有些则需财务经理制定相关方案 财务经理要协调企业各部分对财务的要求，使之平衡，做出相应的规划为企业经营决策提供财务支持
负责企业的财务管理	财务管理是企业管理的重点，是企业运营的驱动器。管理得好，则能催动企业快速发展；管理得差，则阻碍企业发展，甚至危及企业生存
其他作用	其他有关企业资金的问题，如合法避税

通过多方面的分析，可以得知，财务经理不是那么好做的，不是简单的算账，而是要具备各种素质、能力、知识，要懂得融资、投资，要能协调企业各部门，要学会花最少的钱办最多的事，要会制定财务制度，决定相关财务决策，要可以为企业合法避税等。总之，做一个优秀的财务经理不简单，优秀的财务经理是企业的“管家婆”。

对于初创企业来说，由于资金有限，更应将其用在刀刃上，谋求最大化价值。因此，一位专业、优秀、可靠的财务经理对创业者来说很关键。那么优秀的财务经理应具备哪些素质呢？

道德素质

财务经理的岗位至关重要，能掌握企业的各种商业机密。因此，财务经理要有良好的道德素质，不然，很可能会将企业的商业机密泄露出去，严重损害企业的利益以及发展。财务经理的道德素质主要体现在三个方面，如表4–6所示。

表4–6　财务经理应具备的道德素质

道德素质（财务经理）	具体
诚实守信，操守为重	优秀的财务经理懂得诚信的重要性，人无信不立，保持职业谨慎，遵守职业道德，严格按照规章制度处事，不谋私，不偏袒，公平公正，光明磊落，担负起应承担的责任和义务
严格的保密意识	财务经理会接触到很多企业机密，应严格保守机密，不得泄露，如企业内部机密资料等
将企业利益置于个人利益之上	不做任何对企业利益有损害的事，不中饱私囊，不过度看重个人利益，在个人利益和企业利益有冲突时，首先要考虑企业利益
爱岗敬业	努力学习相关财务知识，做好企业的财务工作，谋求创新，提高自身能力，为企业发展做好坚实的“后盾”

财务管理是项专业性很强的工作，且随着企业发展，会遇到各种各样的财务问题，这就需要财务经理能掌握相关的财务知识，拥有较强的学习能力。从财务管理的角度来说，财务经理要掌握的最基础的知识有会计知识、信息化知识、融资知识、财务管理等，还要熟悉本企业的产品，对企业财务现状有清晰的了解。

优秀人才必然是既有相应的职业素质，又具备岗位所需的能力。创业者在考虑优秀财务管理的人选时，要注重素质，但也要注重能力，但无素质有能力者，决不可用。能力可以通过培养获得，但素质很难通过培养获得。

优秀的财务经理应具备的能力如表 4-7 所示。

表 4-7　优秀财务经理应具备的能力

优秀财务经理应具备的能力	具体体现
组织、协调能力	财务经理通常负责财企业财政部的管理，应将财政部组织起来，增强部门凝聚力，按时高效完成企业的财务管理任务。同时财务经历要协调企业各部门，信息互通有无，解决各部门所面临的财务难题，处理好融资、投资及利润分配
决策执行能力	做好财务决策，为企业各项经济活动提供财务依据、财务建议。还要有较强的执行能力，决策制定后，要果断执行，提高效率。因此，财务经理应具备以下能力： 融资能力。企业有资金需求时，能根据企业实际情况提出合理的融资方案，包括融资渠道、融资工具的选择，并选出最适合企业、融资成本最低的方案 投资能力。要确保投资的可靠性，降低风险，增加企业利润 把控整体的能力。财务经理要着眼企业整体，不要顾此失彼，要考虑到企业各个环节的财务需求，把握全局，才不至于做出“丢西瓜捡芝麻”的事情 控制成本能力。对于资金的使用要精打细算，要严格控制各项成本，如目标成本、战略成本、管理成本等。合理估算成本，并采取相应措施降低消耗、减少资金浪费，提高资金利用率

续表

优秀财务经理应具备的能力	具体体现
财务规划能力	指制定合理的财务方案、财务预算，并能对企业未来资金需求、融资需求等进行合理预测。 财务方案，指以企业实现利润最大化，增加企业价值为目标而制定的一些列财务计划，计划要切实可行，要从企业实情出发 财务预算，指销售预算、工资预算、产品成本预算、管理成本预算、营销预算等 财务预测，指度企业未来可能出现的财务情况进行合理的预测，如企业未来的资金需求、投资需求、利润收入、成本等，预测要以企业发展的依据，而不是凭空猜想。财务预测是企业成长战略的组成部分
良好的沟通能力	财务政策的制定离不开各部门的信息支持，因此财务经理需与各部门人员打交道，懂得与上司、同事、下属进行有效沟通，需要良好的沟通能力，否则沟通不畅，轻则降低财务政策制定的效率，重则给财务决策的制定埋下隐患 沟通能力包括口头语言沟通能力和书面表达能力，财务报告、财务计划、财务总结都都需相应的写作能力
判断应变能力	财务经理要对宏观经济、宏观经济有所了解，要判断社会经济的发展趋势，根据市场环境变化及时纠正企业的财务管理；要善于从企业纷繁杂多的财务活动中发现规律，找出财务问题，并提出解决方案，对可能出现的风险未雨绸缪，降低风险对公司的危害 应变能力主要指财务经理难免遇到各种突发情况，有时一些情况是以前从未出现过的，财务经理要懂得变通，找出解决方案，而不要固守旧的解决方法
识人、用人能力	财政部需要部门各员工的通力合作，财务经理要根据员工的能力和优势安排相应的岗位，做到“人尽其才，各尽其职”
其他能力	企业在不同阶段对财务经理能力的要求不同，且市场环境风云变幻，对财务经理能力提出了更多要求

随着时代发展，财务经理必然是个高起点、高能力、高素质的经理群体。他们不仅能管理好企业的财务，对企业的融资、投资、利润分配等提出合理方案，制定对企业最为有利的财务决策，而且还能为企业发现新的利润增长点，为企业创造价值。因此，从长远来看，财务经理既是管理人员、决策者，更是创业者的合作伙伴。一个富有远见、优秀可靠的财务经理能让创业者无

后顾之忧，全身心去思考企业的战略、方向等，甚至有时一位优秀可靠的财务经理能保证创业者创业成功。

对优秀财务经理应具备的素质和能力进行了解，创业者就能做到心中有数，知道什么样的财务经理才是自己所需要的。那么，创业者应该从哪些渠道来寻找优秀可靠的财务经理呢?

（1）熟人介绍。可以向身边熟人咨询有没有优秀的财务人才，包括家人、朋友、同事以及同行。熟人介绍的特点是比较靠谱，节省成本。

（2）招聘网站发布信息。这类方式可以节省招聘成本，而且不受时间和地域限制，只要条件合适，人才就会自动联络创业者。

（3）当地人才市场。一般来说，各地都有人才市场，创业者可以去人才市场招聘人才，好处是与人才面对面沟通，有利于加深对人才的了解，了解其是否符合企业所需。

（4）学校招聘。有些学校开设有财务管理课程，创业者可以参加校园招聘会。虽说这些学生可能经验少，但他们工作热情高，不会拘泥迂腐，更懂得变通，更易创新，可适应中小企业初期复杂多变的财务状况。并且，经过实践，他们很快就会上手，成为合格的财务人员。

（5）寻求猎头公司帮助。猎头公司指专门帮助企业募集合适人才的中介公司。创业者采用这种方式引进人才需支付一定的费用给猎头公司，但通常效率很高，在企业急需优秀可靠的财务经理时可采用

（6）关注内部资源，从企业内部寻找或者培养有潜力的员工。一般来说，最靠谱的人才往往是来自企业内部，这对企业员工也有激励作用。可以对企

业内部有潜力的员工进行培训，使其可以胜任财务经理岗位。

企业的生产经营活动大体上可以粗略化为供、产、销三个环节，三个环节的运营皆离不开资金。在各环节，资金只是转化成了不同的表现形态。在供应环节，资金由货币形态转化成材料形态；在生产环节，则是由材料形态转化成了产品形态；在销售环节，则是由产品形态又转化成了货币形态。企业生产经营活动就是这样一个资金循环的过程。财务工作贯穿企业的各个方面，非常重要。因此找一个合适的“财务管家”也应该是经营者的重要目标。

创业是艰难的，创业者应将大部分精力放在战略、方向等重要方面，而不要事必躬亲，要学会授权，让专业优秀的人才来帮助自己。如销售人才负责销售，财务管理人才负责财务，只是在寻找人才上要多费心思。尤其是财务经理岗位，事关企业商业机密和内部机密文件等，更要谨慎寻找，要注重对方的能力，更要注重对方的素质，为企业找个合适的“财务管家”。

4.3 守护融资，你需要专业的财务机构保驾护航

有些企业机构非常简单，尤其是一些初创企业，所有的事情都由创业者来处理，或者是集合员工简单讨论一下决定，有些企业家亲自做财务经理的工作。通常来说，在企业成立初期，这样做可以缩减成本。然而当企业步上正轨，扩大生产和规模，产生一定效益，此时仍沿用最初的管理方式则明显落伍。

某企业经过市场考验，成功度过了创业初期最难熬的阶段，朝着规模化、大型化方向快速发展，销售业绩年年增长，但企业的财务状况却一塌糊涂，利润分配不合理，导致员工抱怨不已；企业盲目扩张，大额举债，导致企业资产负债高；企业各部门存在不同程度的资金浪费现象等，原因就在于企业还沿用创业初期的财务管理方式，而这种方式已然落伍，无法达到财务管理的要求，给企业带来了不少麻烦。

通常，一个企业设置财务机构，是公司现代化经营和现代化管理的标志之一。银行等金融机构在考察企业时，也会注意到企业的财务机构。对于创业者来说，合适的财务机构能够帮助他理清资金问题，减轻负担，将精力和

时间用在处理更重要的问题上。

财务机构，顾名思义指专门对企业各项经济活动费用监督、核算，旨在用最少的资金办更多的事，加强对企业财务的管理，提高经济效益的部门机构，是企业机构重要的组成部分。

在我国，企业往往将财务、会计机构合二为一，重视核算，但轻视管理，财务管理因此效果不佳。目前，中小企业在财务机构设置最常见的情况有三种：

· 不设置财务机构，需要纳税或者制作报表时，则临时聘请会计员突击完成；

· 虽然设置财务机构，但分工不明确，会计员身兼数职；

· 没有单独的财务管理员或财务经理，只有会计和出纳。

不过，随着经济体制的改革，现代化企业制度的建立，财务管理也朝着规范化、科学化的方向发展，财务机构设置问题也因此提上日程，须予以解决。

财务机构

财务机构通常由财务负责人、下辖财政部、会计部组成，如图 4–2 所示。

（1）财务中心通常会设置财务总监 1 名，财务副总监 1 名。财务总监下达命令，由财务副总监执行并下达到下辖的财务部和会计部。

（2）财务部负责公司的财务管理工作，通常由主管会计、助理会计、银行出纳组成，由财务经理领导，对财务中心领导负责；而会计部则由主管

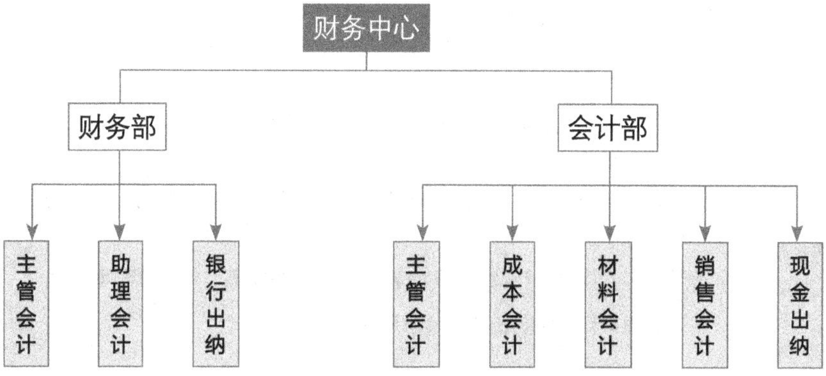

图 4-2　财务机构

会计、成本会计、销售会计、材料会计、现金出纳组成，由会计部经理负责，直属财务中心领导。

（3）各部门都有相应的职责，它们共同组成了企业的财务机构，如表 4-8、表 4-9、表 4-10 所示。

表 4-8　财务中心部门职责

财务中心部门职责	负责企业资产的管理，包括无形资产和有形资产。无形资产主要指商标、专利等；有形资产包括固定资产、流动资产
	统筹财务部的整体计划、财务预算、财务预测等，对资金的使用进行分析、判断、统筹企业的融资、投资、未分配利润的管理
	统筹会计部门的制度建设和核算流程
	为企业各项经济活动指定准则和考核标准，并对经济活动过程进行监督
	核算企业的各种成本，税费、利润分配等
	为经营者决策提供财务依据，如财务报表等；参与经济运营中的重大决策；制定合理的决策方案
	管理财务部和会计部的员工，并对他们进行培训
	运营者交代的其他工作

表 4-9 财务部部门职责

财务中心部门职责	执行国家关于财务管理的政策
	为企业建立财务管理的规章制度，提供财务计划，资金预算方案，并下达相应指标，厉行节约，控制成本
	负责融资，融资计划、融资材料整理，选择合适融资渠道和融资工具，进行融资
	负责公司的投资资产及利润的分配，员工工资审核、债务债权审核等
	整理纳税材料，缴纳税款及合法避税
	上级交代的其他工作
	管理财务部和会计部的员工，并对他们进行培训
	运营者交代的其他工作

表 4-10 会计部部门职责

会计部部门职责	
会计部部门职责	配合财务中心和财务部门的各项审核，提供会计支持
	执行国家会计核算制度，严格遵守法律，如实记账、报账，保管会计档案，严格审核每张原始单据，确保单据数据准确以及手续完整
	履行会计人员职责，明确会计分工合作，提高会计部门的效率，确保会计的日常工作，包括费用核算、销售费用核算、成本核算、资金核算、材料费用核算、利润核算等；
	协助财务部的财务预测、决策，提供会计信息
	维护企业的利益，如严格审核不符合财务要求的原始单据
	上级交代的其他工作
	管理财务部和会计部的员工，并对他们进行培训
	运营者交代的其他工作

当然，这只是简单的财务机构，对于一些大型企业或者上市公司并不适用，它们的财务机构要比这复杂得多，但都是由财务中心领导，下辖财务部和会计部，只是财务部的组成以及会计部的组成有所不同。大公司财务部组成部分就复杂些，而小企业就简单些，因为没有那么多复杂的财务工作要处

理，有时还会将财务会计合二为一，虽不符合财务管理要求，但胜在成本低。毕竟适合的才是最好的。

以某家上市公司为例，其财务部设置了预算组、融资管理组、投资管理组、信用管理组、利润管理组、现金管理组、分析和资本运营组等；投资管理组就是负责企业的各项投资，对投资进行预测提出建议，并对投资过程进行监督；利润管理组则负责企业的利润计划，监督计划，制定利润分配方案等。其他各组都有对应的职责，财务管理因此而高效有序。

财务机构对企业的整个经营有着重要作用，机构设置的是否合理和科学，将在很大程度上决定财务管理的水平。因此，设置财务机构并不是“依葫芦画瓢”，而要依企业实际情况设置。财务机构的设置应遵循以下原则。

（1）成本效益原则，即机构设置成本和它所取得的效益。财务机构的设置是有成本的，如人力、物力、财力。因此企业要根据自身的情况而设置，如初创企业可以只设置财务中心、财务部和会计部。企业设置财务机构所获得的效益能大于其设置成本，则说明符合成本效益原则。

（2）整体有序原则。财务机构组织是一个整体，具有功能性、集体性等。要合理设置各部分，使之能够密切配合，成为一个有序的整体，而不要各顾各的，没有章法。唯有使之成为一个整体，才能发挥财务机构的优势，做好财务管理。

（3）科学有效原则。企业任何组织的设置，都是为了提高效率，谋求效益，财务机构也是如此。财务机构设置应遵守科学有效原则，科学设置，杜绝财务机构的臃肿，避免人浮于事。

创业者是应该节省成本，但节省不代表吝啬。即使在企业建立初期，一些机构还是有设置必要的，如财务机构。财务管理作为企业管理中的重要组成部分，可以说财务管理好了，企业管理中的麻烦就解决了一半，而财务机构的设置又有利于财务管理，因此很有设置的必要。

通常而言，企业设置的财务机构符合以上原则，则是合适的财务机构。合适的财务机构对企业至关重要。鞋子合脚，人走路就会轻松快速；如果鞋子不合脚，则走得慢且走姿很难看。企业就相当于“人”，财务机构就相当于“鞋子”，不合适的财务机构就像不合脚的鞋子，必然会拖慢企业前进的步伐。

俗话说：“人有两只脚，但钱有 4 只脚”。也就是说人追不上钱，但是可以通过财务管理科学管理资金。然而很多创业者过于重视资金，却忽视对资金的管理，一味重视资金，追着资金跑，结果越追越辛苦。合适的财务机构能将企业资金合理利用，产生最大化效益，而这关系到创业企业的兴衰。

合适的财务机构具有防火墙作用，能将一些财务管理问题隔绝在外。因此，一个合格的创业者必然会重视财务管理，设置合适的财务机构，提高财务管理水平，提升企业竞争力和综合实力。

4.4 规范运作，设计合理的财务制度

俗话说："没有规矩，不成方圆。"规矩指规章制度，是用来规范人们行为的。规章制度就像是道路上的交通灯一样，它通过各种图案、符号、颜色等向路人传递消息，因此道路才能通畅，车辆和行人井然有序。如若没有交通灯，路上就会乱成一团，行人、车子等挤在一块，各不相让，给人们的生活带来极大的不便。对企业来说也是如此。

企业经营活动就是合理地利用各种资源（人、财、物），通过配置，从中谋取收益或者实现可持续发展。在企业经营的过程中，利润就是各种资源合理配置后的成果。资源的合理配置离不开企业制度。事实上，一个企业的壮大同样离不开它的制度，在各种制度中，财务制度又有着举足轻重的作用。

财务制度是指企业根据相关的法律法规，以企业自身条件和实际管理情况为基础，用来规范企业的财务行为、处理财务关系的规则，有了它，企业财务就有了规章制度，为财务问题的解决提供了依据。

按照根系原理，当某棵树的树叶开始枯萎，原因通常是根部提供的水分不够。根部通常深藏地底，很容易被人们忽略，而树叶总在人们的视线中，很难被人忽略。树叶枯萎，人们首先想到的就是树叶有病了，就去治疗树叶，但却忽略枯萎的根本原因，属于治标不治本。在财务中，财务制度就是根部，

财务的各种表现就是树叶。树叶出现问题，很容易被发现，因为是浮于表面，且在人们关注中，这些问题很好处理，但往往过不了多久还会复发，效果很差。原因就在于人们不够重视企业财务制度，它才是解决这些问题的根本。

企业建立初期，由于规模小、员工数量较少，企业可以靠创业者的个人能力支撑，不过当企业发展到一定规模，员工人数增多，创业者就成了企业机器上重要的部件，只依靠创业者个人能力，无法顾全大局，这时就需制定制度来予以保障。

制度具有根本性、全局性、稳定性和长期性的特点，合理的财务制度能够帮助企业财务正常运转，不合理的制度则会起到阻碍作用。

企业财务制度设计

财务制度设计，即根据国家法律法规，以企业的实际情况为基础，结合企业生产经营的特点和要求，制定出一套能满足企业生产需求，让财务能够长时间正常运转的规章制度，这个过程就是财务制度的设计过程。

1. 财务制度设计的要求和原则（见表 4–11）

表 4–11　财务制度设计的要求和原则

要求和原则	内容明细
保证财务目标顺利实现	财务制度要确保财务目标能够顺利实现，这是设计财务制度的出发点和落脚点
满足生产经营的要求和特点	在财务设计上，企业可以参考借鉴成熟企业的财务制度，但不要照搬照抄，而要考虑企业自身的经营特点和要求，使其更合理。虽然法律法规对财务制度有统一的规定，但每个企业的情况又有所不同，企业自身的生产规模、经营方式、组织形式等也不同，因此设计财务制度，只能借鉴，而不能照搬模仿，防止“水土不服”

续表

要求和原则	内容明细
原则性与灵活性相结合	原则性指要遵守相关的法律法规，这是必须要坚守的，否则就是违背法律法规。不过企业的人力、物力、财力等信息，生产、营销、销售等运营过程、融资、投资、分配利润等各个环节。错综复杂，次序不一，组合要素不一，因此设计财务制定要具有灵活性，能够满足各项目标、各项目不同的财务要求
稳定性与长期性相结合	制度最重要的一个特点就是稳定性，即颁布后，除非特殊情况，很少更改。朝令夕改无法树立财务制度的威严，会降低其对员工的约束。制度又具有长期性，要求长时间遵守，设计制度应考虑其是否具有长期性，不符合部分予以修改或者摒弃。因此，一个合理的财务制度必然是在实践中慢慢制定的
权责利相结合	财务对企业运营影响很大，涉及到企业各部门，财务活动能否顺利实施，财务关系是否合理处理，都与企业的利润和前途相关。所以在设计财务制度时，既要考虑权利，也要考虑相应的责任。要给予相应的利益，将权利、责任、利益有机结合起来，对有功者赏，对有错者罚，树立财务制度的考核制度和威信
效益性	财务制度是用来规范财务行为的，具有一定的成本，因此要考虑其效益性。财务制度要保证工作效率和质量，在这个前提下，应缩减财务成本，使之更为合理，操作性更强。设计财务制度应考虑设计成本、运行成本和效益，当成本小于效益时，则为合理。这就要求在设计财务制度时，要学习一些现代化的方法和手段，如财务管理软件等，节省成本，将效益最大化

2. 企业财务制度设计的方法

财务制度需要用文字、图表等形式来描述，这些制度内容需要准确、合理、清晰，而且获得内容信息的来源也要准确、合理，因此财务制度设计要采用合适的方法。方法因人、因事等而不同。通常而言，设计财务制度会用到以下几个方法。

（1）企业内部调查法。指设计人员考察企业内部的各种财务情况，这是设计财务制度的基础。企业内部调查方法很多，如开座谈会、向员工发调查问卷、岗位访查、实地考察等，企业各部门应予以配合，将财务状况详实告知，可以采用书面材料形式。设计人员要注意资料的准确性和真实性，不真实的信息必然导致财务制度的不合理性。另外，也要注意员工对财务的抱怨，而这些抱怨通常包含有建设性意见。

（2）整合评析法。有关财务的信息收集上来后，设计人员就要对此进行整合与评析，从中发现问题并找出解决方案。通过整合，我们能发现财务自有的规律和特点，在设计时要注意这些问题。

（3）制度实验方法。经过翔实的调查和评析后，设计人员就有初步的财务制度模型。此时先将这些制度在小范围内进行实验，如果没有出现“水土不服”等情况，则考虑在企业推行。在实验中遇到特殊情况，要合理解决，确保财务制度的有效性和稳定性。

试验方法要点在于：确定实验对象，并对制度实施后的情况进行预测，及时纠正制度上的偏差。

3. 财务制度设计的内容（见表 4–12）

表 4–12　财务制度设计的内容

内容	具体描述
货币资金管理制度	通常由总则（简要说明制度情况）、企业的资金计划控制（各部门的年度用款计划、全面计划、统筹安排、整体控制）、现金管理（利润、销售回款等现金收入、员工工资奖金等现金支出）、银行收支结算管理（商业汇票、支票、委托收款等）、报账销账（需发票时、收据等有关凭证）、附则（补充说明）组成
生产管理制度	通常由总则（简要说明制度情况）、工作职责（包括生产技术部、市场部、采购部、质检部、仓储部、财务部、企管部等）、生产订单管理（市场部根据预测制订生产计划、与客户沟通、做好出货计划，确保交货等）、生产计划管理（生产技术部根据市场部销售计划安排生产，合理分配各车间任务等）、生产物料管理（主要指采购部采购计划等）、生产进度管理、生产过程与现场管理、生产工艺和设备管理、售后服务管理、生产统计管理、附则（补充说明）组成
销售和收款管理制度	通常由总则、接单规定（订单的接收、递送、交期等）、发货规定（发货通知单等规定）、开票规定（不同种类的发票，其遵守的制度不同）、收款管理（资金回收计划、现金收入等）、销售异常业务作业程度（退货、调货、贴现、扣款等规定）等组成

续表

内容	具体描述
采购和付款管理制度	由总则、岗位分工与授权批准（尤其是采购与付款不相容岗位的分离）、货物采购验收控制（各个采购环节的规定）、应付账款入账、监督内查（采购手续、单据、预付款项等）、附则组成
投资管理制度	通常由总则、项目初选与分析、项目的审批与立项、项目的组织和实施、项目运作及管理、项目变更与结束、附则组成
融资管理制度	通常由总则、权益资本融资（主要指直接投资和发放股票的规定）、债务资本融资（主要指短期债务融资与长期债务融资的计划、使用等规定）、融资风险管理（包括数额、期限、偿还方式等）、附则组成
利润分配制度	由总则、企业总利润、各部门业绩及奖罚程序、员工工资及奖励等组成

4. 企业财务制度设计的注意事项

（1）制度制定者。设计人员应熟悉国家法律法规，熟悉企业内部各部门的职责，具有较好的表达能力，包括语言沟通能力和文字表达能力。对于创业者来说，如果没有合适的设计人员，无法自行设计，那么则可以采用委托设计、联合设计等方式。委托设计主要指委托财务咨询机构或者其他人员设计；联合设计指企业设计人员在有关专家指导下，共同完成财务制度设计。

（2）制度内容。制度内容应涵盖企业的各个层面，根据企业自身的实际情况设计，能够真实反映企业生产经营；制度不能违背相关国家法律法规和公德民俗；条款要明确，不能模棱两可，含糊不清，要便于员工理解；要尊重员工的习俗和建议。

（3）三权分立。制度的设计、执行与监督应该分权，由三个不同的人员负责，避免出现违背制度规定的现象。如执行和监督是一人的话，那么这人可能违反制度，但他本身也是监督者，因此能逃过相应的处罚，这对其他员工很不公平，也将给企业的财务带来重大的隐患。

（4）财务制度与职能制度一致性。财务制度最好不要与其他制度有矛盾。如财务制度明确员工完成业绩获得奖励的权利，那么人事职能制度在考核时，就要加以体现，即财务制度与职能制度的一致性。

（5）公平公正原则。制度应该是公平公正的，任何人都不能有特殊性。否则就会极大伤害员工的积极性，对企业发展造成不利影响。

5. 财务制度设计的步骤

其通常分为准备、起草和发布三个步骤。

（1）准备阶段。收集各种财务资料，全面了解企业各岗位的职责，了解财务制度的组成内容以及注意事项，了解财务制度设计及其原则和要求等，如图 4-3 所示。准备得越充分，则对财务制度越了然如胸，设计起来就越轻松。

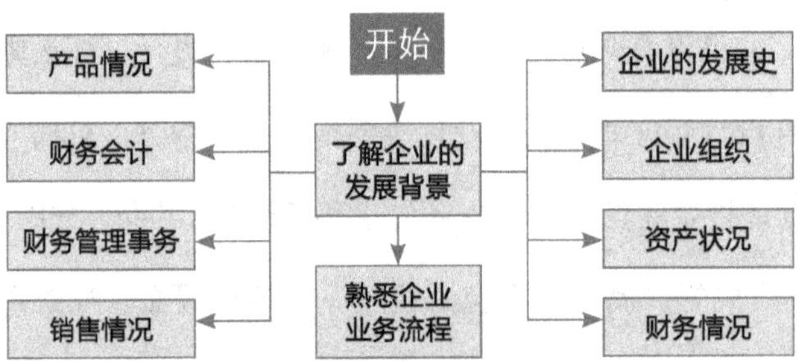

图 4-3　财务制度设计的准备阶段

（2）起草阶段。按照财务制度的内容组成进行起草，可以参考借鉴其他成熟公司的财务制度，但一定要结合企业自身的实际情况，不能完全照搬，可以适度创新。

（3）发布阶段。起草后则可以发布，不过起初最好先在小范围内试用，在试用时发现问题，要予以解决，并体现在财务制度内容上。试用一段时间后，如果没有问题，则可以正式发布。

对于创业者来说，财务制度的设计不用太烦琐，也不要过于简洁，而要保证财务制度能满足企业的财务需求，那么这个财务制度便是合理的。不过初创企业发展很快速，创业者要及时调整财务制度，跟上企业的发展步伐，以免双方“适应不良”，对企业发展不利。

4.5 省下来的就是赚到的，合理使用税收政策

如今，在国家的大力扶持下，创业热潮席卷全国。荧幕上、报纸上随处可见创业者的故事，在咖啡馆随处都能听见人们谈论融资计划书、项目计划书、税收政策、小微企业等。在这种环境下，越来越多的人投入到创业热潮中。

舒和原本在国企上班，所在单位福利待遇都不错，不过去年和他关系很好的同事辞职创业，如今企业发展迅速，一月的利润已超过舒和一年的工资总额。舒和早就有个创业梦想，只是家人不认同，因此他搁置下创业梦想步入了职场。而眼下，他的创业梦想又活了。

舒和考虑自身的优势，他是学服装设计的，拥有丰富的服装设计经验，可以自行设计，然后开店卖。思虑再三，他递交了辞职信。不久后，在朋友的帮助下，他以很优惠的条件租到一家店面，购买相应设备后，服装店正式营业。凭着优秀的设计才华，他设计的服装一投入市场便大受欢迎。他决定开一家服装厂，然后招聘二十多个员工。随着企业的发展，他开始担心会因此而缴纳更多的税。

晚上他与前同事联系，对方得知他的困扰后却笑了，建议："你可以利用国家税收政策合理避税。如今国家对小微企业的支持力度很大，你可以申

请试试看。”第二天，舒和就着手查找国家对小微企业税收优惠的政策，他的服装厂完全符合条件，因此他递交了申请。

不久后，舒和所缴纳的税款得以返回一部分。舒和笑了，他决定趁着有税收优惠期间将企业发展壮大。

税收优惠政策指税法对某些特定的纳税人或者征税对象给予一定的优惠，通过减免部分或者全部税款、按照一定比例返还所缴纳的税款等形式实现，减轻这些纳税人的税收负担。舒和就是利用了国家对小微企业的税收优惠合理避税的。

合理避税指企业在缴纳税款时，依据对税收优惠的了解，灵活运用优惠政策，降低企业的纳税数额，使企业能保留更多的利润，用于扩大生产等。税收优惠政策是一种经济手段，通过它，国家可以扶持某些产业或者产品，促进产业结构调整以及社会经济健康发展。比如最常见的是小微企业的税收优惠。

2015年8月19日，国务院常务会议决定进一步对小微企业加大税收优惠，如图4–4所示。

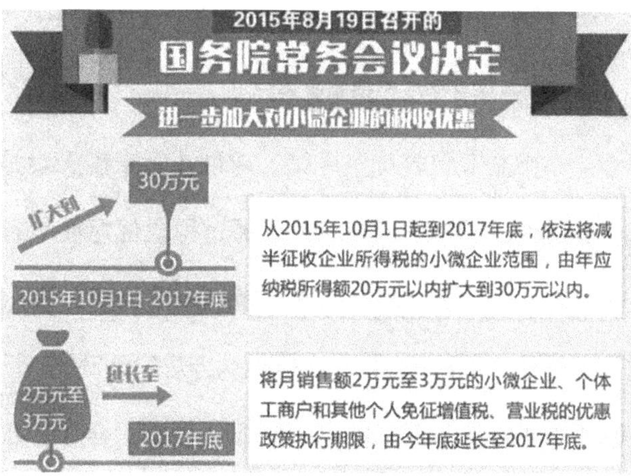

图 4–4　税收优惠

小微企业通常指小型企业、微型企业、个体工商户，不过小微企业要满足三个条件才能享受税收优惠：一是企业的资产总数额不能超过 1000 万元，工业企业为 3000 万元；二是员工人数不能超过 80 人，工业企业则不能超过 100 人；三是税收指标，即年度缴纳税款数额不能超过 30 万元。满足这三个条件的小微企业即可申请税收优惠。

小微企业申请税收优惠的注意事项，如图 4–5、图 4–6 所示。

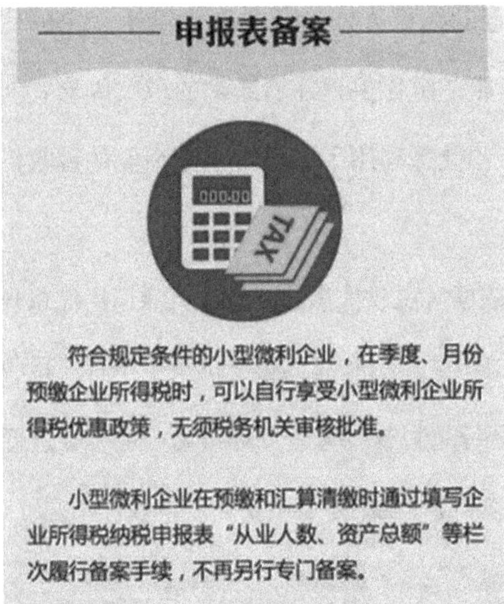

图 4–5　申报表备案

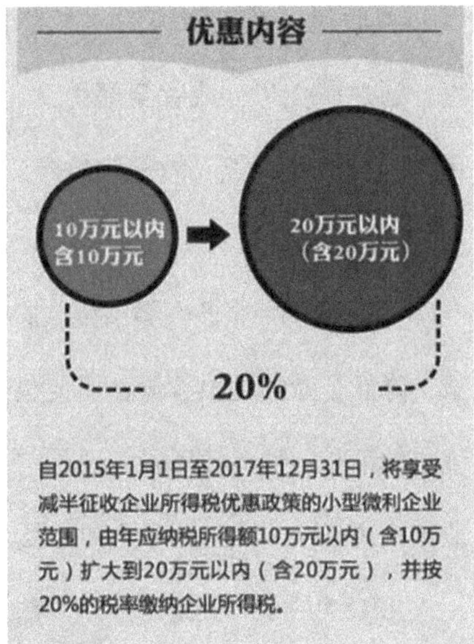

图 4–6　优惠内容

小微企业税收优惠政策，对创业者来说无疑是项利好政策。初创企业资产本就少，规模小，利润薄，通过税收优惠能节省不少资金，这些钱可以用来扩大生产，研发新产品等，增加企业价值，提升企业竞争力。

与偷税漏税不同，合理避税是合法的活动。合理避税不仅是财务部门的事，也是企业内部各部门的事，需要他们通力合作，从合同签订、款项收支等方面着手。合法避税的方式很多，如转移定价法、租赁法、税收优惠政策法等。

（1）税收优惠法。这种方法最常见也最普遍。如对于符合条件的小微企业减半征收企业所得税；创业投资企业满足一定条件则可以按照投资数额的70%来计算该企业的所得税；大学生创业满足一定条件则可以享受免税三年的优惠；月销售额在2万元到3万元内的小微企业免征增值税和营业税；小微企业在金融机构贷款则可以免征印花税。优惠政策很多，企业应向有关部门咨询跟企业相关的税收政策，最大程度实现合理避税。

（2）转移定价法。即大企业，特别是跨国企业，利用各地区不同的纳税税率或者是免税条件差异，将所获利润转移到这些低税率或者是免税的分公司，由此达到节税的目的。如苹果公司就采用了这种避税方式。内地的外贸企业通常会在香港注册一个公司，因为香港税率较低，可以通过转移定价法达到避税目的。

（3）租赁法避税。对于企业来说，租赁有两个好处：一是可以减轻企业的资金短缺问题，不用为设备花费太多资金；二是可以采用支付租金的方式减少企业利润，计税基础也跟着减少，从而达到节税目的。

合理避税对中小企业意义重大，降低了企业的缴税负担。企业运营的目标是追逐利润，利润越高，则企业拥有的资金越多。有了资金，企业就可以进一步扩张，扩大规模，对技术进行再改造，或者进行投资。企业主营业务所创造的利润是企业最为重要的利润来源。

营业利润 = 主营业利润 + 其他业务利润 – 各项成本（包括人工开支）

利润总额 = 营业利润 + 投资利润 + 补贴利润 + 营业外利润

净利润 = 利润总额 – 企业所得税

由公式可知，企业要增加净利润唯有提高利润总额，或者减少企业所得税。而利润总额的提升与企业自身盈利能力、减少企业内部的铺张浪费、缩减成本有关；而减少所得税，企业则可以通过合理利用国家的税收政策来完成。

当然有些人在观念上觉得避税是不道德的，但是国家的税收政策的制定是有道理的，尤其是针对中小企业的税收优惠政策。随着经济发展，中小企业已成为推动经济社会发展的重要力量，提供了相当数量的岗位，对社会稳定做出了很大的贡献。税收政策能促进中小企业产业结构优化，保障中小企业健康和可持续发展。

因此，创业者要纠正关于避税的观念，合理利用税收政策避税是合法的，不具有欺诈性，不要有思想上的负担。采用这种方式避税，可谓是一举两得，既响应了国家的号召，推动产业结构调整，促进经济健康可持续发展，也减少了企业的税负。

4.6 经常体检身体好，时刻注意企业的债务风险

中小企业不止存在融资难的问题，有时也存在销售难的问题。库房里堆满了产品，创业者为此愁眉不展，这时有家企业前来购买产品，但有个条件，就是先拿货后付款，即赊账。创业者为了促成销售，在尚未签订合同的情况下就轻易赊账。后来，创业者多次向该企业索要款项而无所获引发企业债务风险。

企业债务风险，指企业作为债权人所面临的债款损失的风险。很多企业都面临着债款难以回收、周期长、坏账率高等问题，因此企业应格外注重债务风险，并要采用很多方式来控制风险，然而还是有些企业因为疏忽或者其他原因导致债务陷入滚雪球式的怪圈，债务风险越来越高。

常见的企业债务风险如表 4–13 所示。

表 4–13　常见的企业债务风险

企业债务风险	具体表现
诉讼时效风险	诉讼是有时效的。民法规定，保护民事权利的诉讼时效为 2 年；延付或者拒付租金等诉讼时效为 1 年。有些企业在面临债务纠纷时，不及时处理，也不请求法院的支持，导致错过诉讼时效
债务人破产、犯罪风险	这就要求企业要严格核查债务人的财产状况，以及核实债务人的还款能力，防范债务人可能破产的风险；考察债务人的人品，避免债务人犯罪的风险
社会性风险	由于法律意识薄弱，不能通过法律方式保护自身利益。因此企业要加强法律意识，同时也要注意事先防范

续表

企业债务风险	具体表现
不履行合同的风险	签订合同时，企业未严格核实债务人的主体资格、诚信状况、合同细节、履约能力等，从而导致债务问题。如合同上写的是“售完后付款”，那么只要债务人手中还有货物没售出，就可以以此为理由拖延付款。所以在签订合同时，每一句话都要准确，不要使用含糊不清的词语，如某某月以后付款等
外部环境导致的风险	如行业保护主义或者是不正当竞争。债务人受行业保护或者是其他企业不正当竞争导致受害企业产品积压，引发财务危机，只得举债度日

债务风险一旦发生，将严重影响企业的运营。如销售回款一直未能到账，企业就没有充足的资金研发新产品，开拓新市场，也就无法形成新的利润增长点，从而错失机遇。那么企业该如何应对债务风险呢?

债务风险发生后，企业如果没有采取合理的方式及时处理，那么累积的债务将拖延企业发展的步伐，甚至危及企业的发展。这时，企业可以通过与债务人协商谈判的方式进行处理，也可以将债权作为融资方式，如采用债转股的方式将其转为股权等。

常见应对方式如下。

（1）协商谈判。民法是允许当事人与被告方进行协商谈判的，双方就债务进行商谈，找出合适的解决方法。

（2）诉讼手段。如若对方拒绝商谈，则可以采用诉讼手段，通过向法院起诉，保护企业的利益。一旦诉讼成功，对方仍拒绝偿还债款，那么可以申请强制执行。

（3）兼并方式。企业可以兼并债务人的企业，这样债务就转化为自己的债务，也就不用处理了。商业经济活动中兼并清理债务的方式虽不常见，但企业通过此举，能扩大规模，优化经济结构，增强企业竞争力。

（4）融资方式。即将债权当做是融资方式，通过债转股方式将其转化为股权，从而达到消灭债务的目的。

由于企业的债务风险具有普遍性，外部环境以及企业自身的疏忽都极易引发风险，所以应加强防范，将风险出现的概率降到最低。中小企业首先要建立完善的财务制度，加强财务管理，推动财务走上阳光化、规范化。其次，企业要懂得变通，灵活运用多种方式将企业的债权进行包装，让其流通起来，化解债务风险。

企业还要注意自身的资产负债率。资产负债率指负债总额除以资产总额的百分比，通过它可以看出企业的负债水平和风险高低。资产负债率过高，则说明企业资金多是外部来源，而所有者资金量少。

一般来说，一家企业的资产负债率在 40% ~ 60% 较为合理。经营风险较高的企业，资产负债率不应过高，一旦风险爆发，很可能资不抵债；相反，此时则可以适当提高资产负债率，但要注意盲目提高企业负债率会让财务风险骤增。一家企业如果负债过低或过高，会丧失负债的财务杠杆利益。财务杠杆即企业负债经营，只要借入的资金所获得收益大于借款成本，主权资金的利润率就得以相应提高，提高股东的收益。因此企业要想获得财务杠杆利益，就要合理利用负债，调节资产结构，将负债率控制在合理范围内。

事实上，银行或投资者都很关注企业的资产负债率。资产负债率高则意味着企业债务风险高，银行和投资者就会谨慎投资，甚至拒绝投资。因此企业要时刻关注自身的负债率，掌控其在合适范围内。如果负债率过高，则要想办法增加资产总额，降低负债总额。

解决企业资产负债过高，一般由两个方向着手：增量和存量。

（1）增量。即多发股票、股权融资等。这种方式不会增加企业的负债，但是会相应稀释企业的控制权。

（2）存量，即通过资产重组和企业破产、重组、并购等方式来提高资产质量，也能够降低企业的债务危机。

债务风险一旦爆发，危害极大，尤其对缺乏相应经验的初创企业更是如此。因此创业者应时刻关注企业自身的债务风险，建立健全的财务体系，加强对资产的监管，降低流动资金数额，提高资金的利用率，谋求效益最大化。

创业道路上有太多的风险，创业者应小心谨慎，要有解决风险的能力，将危害降到最低，更要懂得未雨绸缪，将风险扼杀在摇篮之中，尤其是在面对涉及面广、影响深的债务风险时。创业者要学会借助财务制度的力量，设置合理的财务制度、财务机构，找一个优秀靠谱的“财务管家”。如此一来，创业者才能掌握企业的资产状况，在最大程度上避免债务风险的爆发。

4.7 会找钱也要会用钱，合理有效利用融资才是王道

很多创业者这样形容自己的项目：“我的项目就如同贫困人家的女儿，生得漂亮，性格温婉，勤快能干，心地善良，但生来贫困，买不起胭脂，不能将自己打扮得漂漂亮亮的，因此难以找到合适的婆家。”创业者会通过融资方式解决“胭脂钱”，让“女儿”能够找到“婆家”。

企业因为资金缺口而采用各种方法筹集资金的行为，即融资。企业根据自身的资产状况、盈利状况、生产规模以及发展需求等，制定出通过某种融资方式、某种融资渠道、融资工具，向投资方或者债权人募集资金，以此来解决企业资金缺口，保证企业扩大生产、扩张规模的需求。

融资是有成本的，如果不能合理利用，造成资金浪费，不能获得效益，或者效益小于融资成本，那么企业就会因此背上沉重的财务负担。对于创业者来说，融资虽难，但是融资成功不过是开始，融资的使用才是重中之重。有些创业者每隔一段时间需要向投资方汇报资金使用情况，这既是对创业者的一种监督，也是投资方掌控风险的一种手段。因此，融资的合理利用很有必要。

假设创业者有6000元资金，生产一件产品成本是600元，卖出去能入账900，因为资金有限，一个月也就能生产十件产品，获利3000元。而创

业者通过融资后，募集到60000元，那么每月可以生产产品110件，获利33000元。由此可以看出，融资具有放大利润的作用。这是融资的重要作用之一。

企业获得融资只是第一步，如何合理利用这笔资金才是重中之重，不然即使募集到资金，也不过是平添麻烦。因此在融资前企业就应该有相应的融资使用计划书，对融资的用途进行规划，那么融资使用应遵循哪些原则呢？如表4–14所示。

表4–14　融资使用应遵循的原则

融资使用原则	内容明细
最大化效益原则	企业各种资金的来源构成，以及它们之间的比例，即资本结构。通常，企业资本最主要是债权资本和权益资本。资本结构合理指企业能用最小的成本获得最大化的效益。融资的使用应遵循这个原则，尽可能使用少量资金谋取较大收益，提高企业价值
收益风险原则	在使用融资前，企业往往会有个预期中的收益。收益越大，则说明融资得到合理利用。但是收益总是伴随着风险，收益越高，风险则越高。因此企业使用融资时，不能只顾着着眼前收益，而要在收益和风险之间找个平衡点，兼顾收益和风险 小企业的特点是规模小，风险承受能力弱，一旦遭遇风险，就会危及企业的运营。因此小企业应合理使用融资，不能只盯着收益不放。实用融资时应考虑相应的风险，未雨绸缪，尽量将风险扼杀在摇篮之中，或者将损失降到最低
量力而行原则	融资使用应量力而行，有些企业项目过多，即使融资，也只能满足其一，不能满足其二。这时企业应考虑使用期限、获利方式和时间，最大限度提高资金的利用率，保持流通。但要注意资金链，万一中断，后果不可设想。因此，如果不能满足企业过多的项目，那么应该将资金用在那些风险低收益高的项目
期限合理原则	融资使用一定要注意期限，要灵活运用长期、短期融资，同时注意企业的财务状况，不能在企业即将有笔债款要偿还时，还将融资用在长期项目上。企业每个阶段都应有满足其生产需要和应付突发事件的现金流，因此要注意使用期限

续表

融资使用原则	内容明细
监督原则	融资的使用应处在监督状态下，一方面投资者会关注资金使用情况，应每隔段时间提供相应的报告；另一方对突发情况能快速启动应对方案，降低损失
成本控制原则	控制成本，并意味着企业降低产品质量，降质保本是愚蠢的。众所周知，质量是企业的生命，企业应从技术方面着手，提升技术。降低成本。虽然技术改造需要资金投入，但从长远来看，技术升级所带来的收获要远大于投入

资金是企业运作的命脉，资金周转能力是企业生存能力的重要组成部分，甚至影响企业的生存。因此，创业者应提高对资金的周转能力，让有限的资金发挥最大的作用，为创业之路提供资金保障。在拿到融资后，创业者应对其进行规划，列好资金使用计划书，如表 4–15 所示。计划书的制定要遵守融资的使用原则，然后严格按照计划施行。

表 4–15　资金使用计划书

中心 / 金额 / 项目			
材料款项			
直接人工支付			
制造费用			
资金支付			
短期借贷偿付			
长期借款偿付			
固定资产添置			
利息支付			

另外，企业应建立财务控制系统，资金的使用应先进行财务预算，加强对资金使用过程的监督。初创企业由于人数少、运营简单，建立财务控制系

统有些不划算，但应该派专人负责融资的使用，并进行监督。如果是多项使用，则需注意期限，长期、短期应做到相对的统一，灵活利用期限差别，提高资金的使用效率。

资金问题具有普遍性和长期性的特点，因此企业应有稳定可靠的长期资金来源，完善企业的“造血”机制。所以创业者应完善企业的财务制度，建立合适的财务机构，将资金问题当做企业发展的重点，时刻注意企业的财务状况。

创业者应会找钱，但也要会管钱，多学习关于融资的知识，同时掌握合理利用融资的技巧，将每一分钱都用在刀刃上，实现“钱生钱”，更好地为创业服务。

PART5

做强：看商界奇才如何玩转融资

融资虽难，但仍有众多商业奇才能轻松玩转融资，募集到企业发展所需的资金，让融资成为企业发展的助力。通过学习这些榜样的融资事迹，有助于帮我们了解融资道路上所面临的坎坷，学习他们的融资经验和解决坎坷的思路及方法，从而弥补自身的不足，增强我们的融资能力，从而在融资路上越走越顺。

5.1 借助名人效应融资的“总理咖啡”

2015 年 5 月 7 日上午 10 点左右，李克强总理来到北京中关村，在一家名为 3W 的咖啡馆喝了杯咖啡，3W 咖啡馆随即进入大众视线，人尽皆知。而总理喝的这款咖啡被取名为“总理同款咖啡”，成为该咖啡馆的爆款。每天都有许多客人慕名前来，这款咖啡成为店里销售得最快的品种。

总理喝的咖啡是“黄金圈”的香草卡布奇诺，是款很普遍、很常见的咖啡，很多咖啡馆都提供，然而很多客人还是喜欢来 3W 咖啡馆喝这种咖啡，为什么会这样呢？因为总理在这里喝了这款咖啡。

“滔滔江河，绝而过之，非能水也，假舟楫耳；千里之行，始于足下，非利足也，假舆马耳；君子生非异也，善假于物耳。”《荀子・劝学》一文中就提出了君子和普通人并无差异，只是君子善于借助外物或者他人的帮助。而 3W 咖啡馆之所以广为人知，吸引客户前来喝“总理同款咖啡”，即借助了总理的名气，是名人效应的体现。

名人通常具有较高的知名度、影响力或者独特的人格魅力等，所以名人所到之处会吸引人们的关注。名人代言产品，使产品更具有吸引力和感染力，可信度高，极易勾起消费者的购买欲和兴趣。对于企业来说，能加强产品品牌建设，提升企业价值。当然，广告通常能获得双赢效果。广告主得到想要的关注和产品知名度，名人也会通过广告获得一定收益并增加知名度。

名人效应，指名人出现后所引起的轰动，吸引人们的关注目光，影响深远的效应，人们对名人的模仿也属于名人效应的范畴。名人效应在很大程度上利用了人们的从众心理，如企业经常聘请名人来当代言人，扩大品牌影响力，提升销售量。名人效应和品牌效应相似，都具有很大的影响力。

新浪博客是在徐静蕾、韩寒等人的带领下兴起的，新浪微博的兴起更是与名人相关，早期聘请了大量的名人入驻，如李开复，使得新浪微博在短期内获得极大的关注，注册者较多。名人吸引力强，粉丝对名人所用的东西很感兴趣，于是就会去了解，去使用，慢慢地就成为产品的用户。如果不是名人推荐，那么通常人们会很排斥用新产品，要是体验差，就会放弃产品，更别提产品品牌的塑造了。后来，腾讯微博、搜狐微博等相继出现，投入了大量的资金运营，但却始终无法撼动新浪微博的地位，就在于新浪微博拥有太多的名人，品牌已在用户心里扎了根。

3W 咖啡馆正因为名人效应而广为人知，总理所喝的咖啡因此才成为客户最喜欢品尝的品类。咖啡馆本身盈利很困难，在起初一年多的时间里，3W 咖啡馆也是赔本赚吆喝。咖啡馆创始人许单单是资深互联网人，但他觉得开咖啡馆和做互联网的差距是很大的，尤其是思维模式。

开咖啡馆要品尝每种咖啡的味道，以便找到大家都喜欢的那个味道。同时咖啡的杯子、咖啡馆的角落等都要注意，要学会节省资金，这和互联网普遍的免费思维当然有很大不同。为了挽救咖啡馆，许单单团队组建了传媒公司，承接各种互联网活动，为三星、华为、腾讯等大企业做过活动，3W 咖啡馆名气逐渐在 IT 业内流传。

大量的圈内人士被请到 3W 咖啡馆进行演讲，利用名人效应提升咖啡馆的知名度。又过了段时间，许单单组建了一个圈内垂直招聘网站，即拉勾招聘网。借助 3W 的知名度，拉勾网一问世就吸引了人们的注意，上线一个多月后，拉勾网收到的简历数量达一万之多，更重要的是获得了几百万元的融资。

有了充足的资金，许单单就开展了下一个项目，即为创业团队提供帮助，帮助他们解决办公问题、寻找导师以及为他们提供 1500 万元的创业基金，还提供了一些创业上的便利，即 NextBig，互联网创业团队的孵化器项目。当然，入驻的创业团队要经过层层考验，成功后才能入驻。

由此，3W 咖啡馆已脱离传统的咖啡馆模式，而是由咖啡馆、传媒公司、拉勾招聘网和孵化器项目等组成了一个生态链，不过各个部分都是独立运营，独立核算的。如今 3W 咖啡早已实现总体收支平衡。

3W 咖啡具有创新性，创造性地将互联网和咖啡馆联合起来，且善于利用名人效应来进行融资，一步步进行扩张，使 3W 咖啡馆摆脱单纯依靠销售咖啡来获取收益的单一模式。3W 知名度因为总理的名人效应更广为人知，逐渐有天使投资和风投关注 3W 咖啡馆，然而 3W 究竟能走多远，还在于它的核心竞争优势。

名人效应并不是万能的，而且会随着时间的流逝而不断减弱。如某品牌用某个体育明星名字为名，曾经红火一时，人人争相购买，而现在销售额逐年下降，在各地的门店的销售数量不断地减少，品牌影响力越来越弱。因此说利用名人的好处就在于能快速产生“名人效应”，而劣势则在于这种效应会逐渐减弱。

创业者如果能借助名人效应来进行融资，那么成功率会大大提高。像 3W 咖啡馆这般幸运的企业毕竟是少数，大多数企业都是自己聘请明星，借助明星的影响力扩大企业的知名度，打响产品知名度等。

不过对于名人的选择要慎重。三百六十行，各行都有名人，但是名人的影响力通常受到其所在行业的限制。如电影明星通常对影迷有一定的影响力，脱离了影迷，则影响很弱。足球健将之于球迷，历史学者之于爱好历史者等，脱离了他们所在的领域，名人效应就会大打折扣，甚至毫无作用。如有家拍卖行曾拍卖知名导演、央视名导等大腕的字画，但是却无人响应，起拍价一再降低，最后落个流拍结局。而其他画家的字画，则拍卖出了较好的行价。由此可以看出，受众对名人的认可常取决于他们所处的行业，“身份不对等”则无法产生名人效应。

因此创业者应考虑名人的形象、气质、年龄、职业等与产品是否存在错位，如某家国际品牌洗发水定位为大众阶层，价格实惠，然而却请来金喜善做代言人。要知道，金喜善素来被韩国人称为“喜善公主”，有谁会相信一位公主会使用这么廉价平民的洗发水，这里就存在气质不符的问题。金喜善的“公主”气质与洗发水的“平民”气质是不对等的，因此名人效应锐减。

借助名人效应，创业者更易于筹集到资金，但对于融资的使用能否达到专业程度则难说。因此，创业者还是要从企业自身着手，加强团队建设，发挥人才作用；加强企业管理，尤其是财务管理，发挥资金作用；增加自身的核心竞争优势，发挥竞争作用，此为企业长青之道。

5.2 互联网众筹打造的煎饼界王牌

如果你想拍一部电影，但是没有足够的资金，怎么办？资金短缺，通常人们第一想法就是借钱，跟银行借钱，这是传统固化的思维。不过随着时代发展，解决资金缺口的方式也越来越多样化。有人说，没钱怎么拍电影？这不是异想天开吗？然而，有部电影就是在资金极度短缺的情况下筹备的，即《捉妖记》。这部电影就是采用众筹方式筹集资金，电影得以顺利投拍且创下了华语票房纪录。

如果你想摆摊卖煎饼，但是没有初始资金，怎么办？“巧妇难为无米之炊”，没有米，聪明灵巧的妇女也做不出饭来。然而煎饼摊却在高楼林立的繁华国贸商业区开张了，并且得益于互联网的力量，这家煎饼店很受欢迎，附近的白领都前来购买煎饼，一些客户远远地赶过来只为吃一口煎饼。一时间报纸、传媒等广泛报告这家煎饼店情况，引起舆论争议，创始人赫畅也因此小有名气。这家煎饼店名为“黄太吉”，创业之初也是用众筹方式筹集资金。

众筹，原意指借助大家的力量来筹资，普遍采用团购＋预购的形式，通过互联网或其他方式，向广大群众募集资金。常见模式为借助互联网平台将发起者和支持者连接起来。发起者多为有创造能力但资金短缺的人，支持者指对发起者的项目感兴趣且有能力支持的人。

赫畅发现，麦当劳、肯德基等很有群众基础，生意做得很大，之所以这么火，就在于它们简单的食品形态。如汉堡，除了两片面包是固定的，中间夹什么菜都可以。不过它们都属于外来品种，而中餐通常又过于复杂，很难统一标准。经过思索排查，赫畅发现了国产版的“汉堡”，即煎饼果子。

找到了产品，随之则是定位。赫畅将目光瞄向了白领。他曾当过一段时间白领，知道白领的烦恼很多，但有个烦恼是与工作无关的，即每顿饭吃什么。这些食品要物美价廉，要接地气，就餐环境要舒适等，都是白领对就餐的要求。有了创意想法，有了目标客户，一切看起来很顺利，赫畅决定开始创业，不过他很快就发愁了。

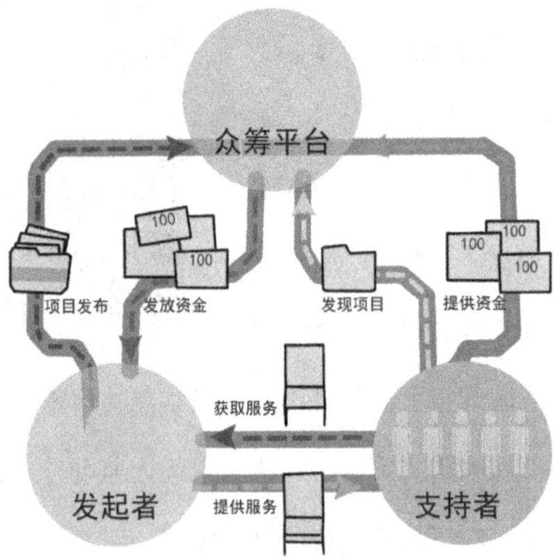

图 5–1　众筹流程

国贸区写字楼林立，白领众多，在这里开店不用担忧客流量问题，但是这里的店铺租金很贵，赫畅没有充足的资金，不过他很快想到了解决办法。具有多年互联网工作经验的他，常年接触到各类新的概念，有个词突然出现在他脑海中，即众筹（见图 5-1）。他愁眉舒展，这下资金问题有望解决了。

经过多家对比，赫畅选择了“天使汇”。天使汇是家众筹融资网站，创业者可以将创业计划、项目情况等发布在上面，网友如果有兴趣就会支持。众筹模式近年来在世界各地很流行，不过在国内还是很新鲜，敢于做第一个吃“螃蟹”的人终究是少数。

赫畅将煎饼店项目发布到天使汇网站，详细说明了项目的优势、融资数额等，短短十天时间，赫畅便筹集到 300 万元的天使投资。拿着这笔投资，赫畅在国贸繁华区租了个位置相对偏僻且只有二十平方米、十几个座位的店面，店名为“黄太吉”。店铺一开张便很火爆，很多白领前来排队，像猪蹄等畅销品则需提前进行预约，不然买不到。开店不过短短的十个月，“黄太吉”煎饼店就被风投估价为 4000 万元。

在品质上坚持无明矾、现吃现炸的油条，配以现磨豆浆、秘制的卤汁豆腐脑，黄太吉书写了美食新传奇。对于黄太吉，有人认为它是国产版的百胜餐饮，有人则将它与小米进行比较，黄太吉一时成为一种时尚。白领们在这里用餐、拍照，让黄太吉的名声得以进一步传播。2013 年 12 月，黄太吉第五家旗舰店开业，各家店面都很火爆，消费者来自多地，与传统食品店铺（多依赖店铺所在地附近客源）不同，黄太吉的消费者已超越了地理的限制。

黄太吉是首个用互联网思维来做煎饼果子的餐饮企业，利用社会化媒体平台传播自己，微博、朋友圈、大众点评等平台上面都有黄太吉的影子。在宣传上，黄太吉善于提炼各种有情调的广告语，如“所有汉堡、比萨都是

纸老虎！”“在这里，吃煎饼，喝豆腐脑思考人生。”在节日里，其更是别出心裁地进行营销，一些话题让黄太吉频繁成为社会性话题，如开奔驰送煎饼外卖。就这样，黄太吉火了。

黄太吉的成功离不开其创始人赫畅，而创新性地用互联网思维来卖煎饼则与他的工作经历有关。他早年曾在多家知名互联网公司工作，对互联网、广告、营销等很在行。互联网优势在于客户体验，因此黄太吉会想办法加深与消费者之间的互动，消费者分享美食照片以及在微博上与赫畅互动等方式都起到了宣传作用。黄太吉有时还推出限量限时的食物，进行“饥饿营销”。互联网不止让黄太吉得到广泛传播，提升了知名度，更重要的是它带来了初始创业资金。

上文所说的众筹首次出现于2009年，在国外已发展很多年，国内则是近些年才出现。如今，众筹已经走过了三个阶段：第一阶段靠个人即可完成，成本低，很容易获得投资；第二阶段是稍微具有技术的产品；第三阶段是小企业或者其他机构生产的产品。第三阶段资金需求量大，依靠的是团队力量。虽说随着众筹的发展，募集资金难度也逐渐增加，但是好项目从来不缺少支持者。

普遍来看，众筹具有如表 5-1 所示的几个特征。

表 5-1 众筹的特征

众筹的特征	具体描述
门槛低	发起者身份、地位、年龄等不受限制，可以说任何人只要具备相应的创造能力有想法都可以发布众筹融资，不管他是须发皆白的老者，还是天真灿漫的孩童
多样化	众筹内容具有多样化特点，包括艺术、设计、影视、出版、摄影，也包括食品、具有创意的杯子，甚至飞机、船只等物也能众筹
群众性	众筹与风险投资或者投资不同，其支持者多为市民百姓，草根民众
创意性	项目应具有创意性，否则不会通过平台的审核，而且要具有可实现性，不能只是简单的概念或者新奇的点子
传播性	众筹的项目通常易于传播，可以通过社会化传媒传播，吸引投资者和客户

通过众筹特征来看，这种融资方式是很适合中小企业和初创企业的，要求低、筹资快、易传播、内容多样化，能满足不同创业者的需求。随着时代的发展，众筹必然会不断地规范化、系统化，为众多具有好项目或者创意的人提供资金援助。

那么对于创业者而言，众筹有哪些优势呢？

和其他融资方式一样，众筹的成败是受很多因素影响的，不过相对来说，众筹的成功率高一些。通常而言，众筹成功的关键如表 5-2 所示。

表 5-2 众筹成功的关键

众筹成功的关键	具体表现
筹集时间	众筹是种特殊的融资方式，且本身带有营销性质，筹集时间短，则不利于传播，无法形成声势；而时间过长则影响支持者信心。通常而言，筹集时间为 30 天较合适
资金数额	资金数额应与项目所需（即项目生产、包装、营销等费用）相差不大，过多则影响支持者热情，过少则支持者会疑虑
回报合理	回报应该有多种形式，方便支持者挑选。回报应表现出发起者的诚意来，且回报与项目相关，如相关产品等

续表

众筹成功的关键	具体表现
合适的包装	有包装的项目其成功率比没有包装的项目要高很多，如有视频的项目成功率要远高于没有视频的项目
感谢支持者	可以通过发邮件、邮寄小礼物等方式感谢支持者，这点也很重要，是销售中最为常见、却很有效的方式

众筹作为互联网金融的模式之一，逐渐成为创业者眼中的“加油站”。通过它，创业者可以募集到天使资金，且其具备的特征和优势，与初创企业很相符。就像黄太吉借助众筹创业成功一样，未来必然会有更多的企业通过众筹方式创业成功。因此，如果创业者创意够佳，项目够好，却缺乏资金，那么尝试一下众筹吧。同时也要注意众筹融资成功的关键要素，避免出现与关键要素相冲突的行为。

创业者只需登录第三方众筹平台，按照相关要求发布项目，接下来就等资金到账，开启创业之路，大展宏图。

5.3 张朝阳多次融资打造搜狐帝国

在成功人士里，张朝阳无疑是独特的一位，很少有人像他那样“带出”两家上市公司。他时而内敛沉默，时而又外向高调；曾率领搜狐笑傲在互联网巅峰，又因抑郁症不得不“闭关”修身养性。张朝阳的爱好广泛，包括登山、瑜伽、轮滑等。多数人认为，张朝阳是时尚的、具有朝气的，他的独特气质，他的装饰，他的言行，他的滑板，改变了人们对传统成功人士的认识，而使张朝阳有着独特的魅力，受认可程度很高，是“网络名人”。不过也有人认为张朝阳“博而不精，华而不实”“投机者”“形象不好”“肤浅，爱秀”等，但是不管人们对他评价如何，谁也无法否认张朝阳是成功的，搜狐帝国就是他一手打造出来的。

1996年，张朝阳的本职工作是ISI中国首席代表，他踏实努力，工作认真，业绩很突出。在同年4月，张朝阳带着创业的想法在美国寻求投资。当时他给自己标价为200万美元，这个价格以张朝阳在ISI的业绩来说并不算高。不过在风投领域，张朝阳并未有太大名气，一时难以找到投资者，他多次在电话亭外排队给投资人打电话，不过遗憾的是，没人愿意相信他。张朝阳还多次拜访投资人，有些投资人很客气地回绝，但有些则不讲情面地直接赶他出办公室。还未正式创业的张朝阳首次尝到融资的艰难。

1996 年 5 月，爱德华·罗伯特教授愿意出资 5 万美元投资张朝阳。罗伯特教授就职于麻省理工学院，是很有名气的投资专家。他看好张朝阳的技术背景以及庞大的中国市场，不过他的条件是等张朝阳说服另外的投资人后，他才投资。另一位投资人很快找到了，是罗伯特教授的一名学生，家庭富裕，愿意出资 5 万美元支持。

1996 年 7 月，张朝阳前往美国居住了一个月，详细书写商业计划书。纽约一家投资机构给张朝阳打电话说愿意投资，但前提是知道其他投资人的身份。其实这家投资机构并不看好张朝阳的投资计划，因为中国的互联网市场并不成熟。投资机构获得其他投资人身份后，打电话劝说对方不要投资，有投资人因此变卦放弃投资。

为了融资，张朝阳已是焦头烂额。在 8 月，张朝阳见到了 MIT 实验室主任、未来学家尼葛洛·庞帝。这是位很有名气的人，他对张朝阳的商业计划很感兴趣，决定出资 5 万美元，不过前期只投 2 万美元。

1996 年 8 月，爱特信公司注册成立，张朝阳自此开始步入创业道路。

由此可见，张朝阳的初次融资属于寻找“熟人”方式。投资人都有学院背景，要么是教授，要么是学生，而他本人也是从这家学院毕业的。因此创业者首次融资时，不妨将熟人当做第一选择。

第二次融资

1996 年，张朝阳实际筹集资金 17 万美元，这笔资金是他的起点（张朝阳身价由 200 万美元降到 100 万美元，三位投资人最后都投资了 7.5 万美元）。不过到 1997 年时，所融到的资金已花费过半，到了当年的 12 月，公司财务陷入困境，甚至连员工工资都发不出来了。张朝阳不得已再次开始融资之旅。

不过融资哪有那么容易呢？第一次融资，投资人是出于对张朝阳的信任以及交情，第二次融资则无这些情感优势。不过三位投资人还是给张朝阳提供了 10 万美元的贷款，这笔钱不是融资，是出于情感的“救济”。

那时互联网还很萧条，鲜有投资人会相信互联网的前景，融资困难可想而知，就连找个愿意听张朝阳商业计划书的投资人都难。不过张朝阳还是凭借着良好的人际关系，约见了一个又一个投资者。

1997 年，张朝阳四处奔波见各种投资人，推销自己的互联网概念，所获甚微。9 月的某天，按照计划，张朝阳要与四位投资人会面。早上 9 点与因特尔投资公司面谈；中午 12 点，则要与风投见面会谈；下午 2 点，与软银负责人会谈；下午 4 点，在美洲银行约见四通利方投资的负责人斯蒂文森。结束与软银负责人的会面，张朝阳心情很沉重，在驱车前往美洲银行总部遇到问题。张朝阳寻求警察帮助未果，只好下车跑步，等他赶到时，会谈时间已过一个小时，斯蒂文森抱怨一通，张朝阳只能小心赔不是。后来双方谈判成功，达成融资协议，斯蒂文森决定投资 25 万美元（不过后来没投）。

对于第二次融资的艰难和痛苦，张朝阳记忆犹新，不止是多次遭到拒绝，更让人难堪的是身价的下降。融资是艰难困苦的旅程，创业者一定要有强大的心理承受能力。第二次融资，张朝阳募集到了 210 万美元，有了这笔资金，搜狐开始得以快速发展。

1998 年 2 月 25 日，爱特信更名为搜狐公司，并推出新产品。2000 年 7 月 13 日，搜狐正式登陆美国纳斯达克，成为上市企业中的一员。此次上市，搜狐募集到 5980 万美元的资金。如今搜狐已然是国内三大门户网站之一，其旗下的畅游公司也成功拆分上市，搜狐视频是国内最大的美剧观看平台之一，具有重要的战略意义。搜狐帝国保持良好趋势向前发展。

虽然进行过多次融资，但张朝阳的融资数额都很小，因此他得以保证自己搜狐最大股东的地位。张朝阳曾说："早期企业还小，不要融资过多，否则很容易稀释股权，未来无股可放。搜狐公司以后的股份会更值钱，必须有限制合理的融资。"这就是阶梯式融资带来的好处。

不过融资也给搜狐带来了一些风险，如第二次融资后，投资机构就派遣代表入驻搜狐董事会。上市后，资本市场对搜狐的控制更为严重，搜狐董事会以美国人为主，张朝阳为此努力了 3 年才慢慢建立了本土的团队，也取得了公司的控制权。搜狐回到张朝阳的掌控中，因此他能有更多的时间做些喜欢的事，也因此成为曝光率较高的企业家，具有很高的知名度。而他的知名度又提升了搜狐公司的知名度。

创业者从搜狐多次融资经历中学习到了什么呢？首先是融资对象的选择，初次融资可以从熟悉的人开始，老师、朋友、家人、同事等。创业初期由于自身资产弱、风险承受力低、规模小等特点，很难通过银行等金融机构成功融资，反倒是通过熟人募集资金更容易些。

其次，融资要采取阶梯式，多次融资，分散股权稀释的危险。融资不可能一蹴而就，要根据企业所需决定融资数额，过多则稀释股权，还会造成资金浪费等问题；过少则不能满足企业需求，会拖住公司前进的步伐。阶梯式融资有个很明显的好处，对股权的稀释少且容易保留股权升值所带来的价值。

第三要掌握公司的控制权。虽说有时融资难免会分散股权，但创业者一定要将它控制在合理范围内，不能失去对企业的控制权，否则就无法决定企业的发展战略和决策等。资本的力量是强大的，在资本面前，即使是乔布斯也曾一度失去对苹果的控制权，被排挤出苹果公司。因此，创业者应将企业的控制权牢牢掌握在自己手里。

融资从来就没有轻松的，这点已经由众多成功企业验证，但是资金又是企业的“血液”，对企业相当重要，因此企业不得不迎难而上。创业者要创业成功，也不得不面对这道难题。不过在融资过程中要懂得保护自身利益，就像张朝阳那般，懂得用阶梯式融资维持自身的利益。当然，在实际融资过程中，维护自身利益的方法是多种多样的，创业者要懂得灵活变通。

5.4 李群林用自己的融资网站为自己融资

李群林在朋友眼里很独特，“比马云更马云”，这句话一方面是调侃李群林的长相，无恶意；一方面是说李群林所做事情的格局，不输给马云的天猫、淘宝。李群林所做的事即成立“大家投”。大家投是家全民天使股权众筹平台之一，是国内首个将股权融资和众筹结合起来的平台。

2012 年，李群林突然有了创业的想法，但苦于资金不足，于是四处寻找资金，结果以失败告终。他想到如今国内正兴起一股创业热潮，肯定有很多像他这样想创业的人，但却找不到合适的投资人。另外，国内有富余钱的人不在少数，这些人也能成为天使投资人。国内的天使投资人数量太少，无法满足众多创业者的需求。因此，李群林想到一个解决办法，即做众筹网站，让创业者将项目展示出来，然后由投资人进行选择、投资。

有了想法，李群林便找到众筹网站，看看能否获得资金。不过他发现，虽然当时众筹网站经过一年多的发展已经略具规模，但大多是采用预购方式，给予的回报不涉及现金、有价证券等金融产品。这是法律规定的，因此这种方式的众筹很像团购。不过李群林想建立的众筹网站属于互联网领域，而互联网的本质是免费的，所能提供的不过是些服务或者虚拟产品，很难吸引到投资者。

众筹如果只是提前购买产品，即使给予一些优惠，也难以吸引众多人参与，更不用说普及众筹。众筹应该符合资本的本质——逐利。那么怎样才能将获利和众筹结合起来呢？李群林想到了股权融资模式的众筹。

李群林决定创办一个网站专门为股权融资模式的众筹提供服务，网站名为“大家投”。“大家投”因此成为大家投融资网站的第一个项目。项目详细说明了“大家投”的特征，标注了融资金额和期限，投资人如果感兴趣则可以投资，成为项目股东。筹集资金完毕后，平台收取相应的服务费。

很快有人提出建议：投资是专业的，不然要面临极高的风险，应该由专业投资人领头投资，同时，在投资后的管理中可以选出一个执行人参与项目，监督资金使用情况。李群林采纳了这个建议，创造了领投人与跟投人的机制，每位投资人都有申请成为领投人的资格，通过审核后即可成为领投人。按照有关规定，有限合伙企业的合伙人数不能超过 50 人。因此“大家投”对领投人及跟投人制定了最低投资额度，分别为 5% 和 2.5%.

众筹的难处在于第一个投资人。如果一个项目很长时间都没有人投资，那么它的成功率会很低。相反，如果项目很快迎来第一个投资人，那么第二、第三投资人也会很快出现。因此，要想众筹快，最佳方式是有熟人投资，带动陌生人投资。多次被投资人拒绝后，李群林决定找熟人来支持自己。

创新谷的余波觉得这种众筹方式具有创新性，前景好，填补了企业融资渠道的空白，是对金融机构的补充，因此他决定投资“大家投”。有了创新谷这个投资机构来信用背书，“大家投”很快吸引了其他 11 个跟投人，由此完成融资目标。12 个投资人来自全国各地，他们都看好“大家投”的前景。

上线后的“大家投”主要业务是提供融资服务，即融资前，“大家投”会辅导创业者发布项目；融资中，“大家投”会协助领投人调查项目情况，解决好捐款、登记等问题；融资后，“大家投”会协助投资人对项目进行监管，包括监督资金流动，并提供相应资源以及推荐人才、再融资、投资退出等服务。

2012 年 9 月，“大家投”平台顺利完成一个项目的筹资，筹资额为 30 万元人民币，这也是这个平台上除“大家投”外的众筹成功案例。为了满足投资人和创业者的需求，大家投还创造性地提出了融资成功后先成立有限合伙企业，然后以企业方式入股项目的持股制度。融资成功后，投资人会以这笔资金为基础成立有限合伙企业，并办理相关的手续，然后与项目所在公司签署合作协议等，投资人按照相应比例占有项目公司 20% 的股份。

“大家投”不断地创新，独具创意的推出了“投付宝”等产品，吸引了众多创业者和投资人的关注。2013 年 12 月，“大家投”启动了第二轮股权融资，成立不过短短数月，大家投的估值已达 3000 万元，此次融资 300 万元。“大家投”发展迅速，在 2014 年 7 月注册用户就超过了万人，每日新增用户半百以上。

鲁迅曾说过：“第一个吃螃蟹的人是勇敢的。”“大家投”无疑是尝试股权众筹的第一家，这种勇气是值得钦佩的。“大家投”定位于全民天使投资平台，相信这种方式在未来会惠及更多的创业者和投资人。

股权众筹是创业者按融资数额给予投资人一定比例股权的融资方式，是众多众筹模式中最为复杂和不确定的。股权众筹快速发展得益于国内中小企业的兴起。

中小型企业是国民经济中重要的组成部分，中小企业的成长标志着国民经济总量的增加，这些企业大多具有创新性，对促进产业结构升级、提升生产力水平很有帮助。但众所周知，中小企业一直存在融资难的问题，金融机构很难满足小企业的资金需求，因此需要民间资本支持。

但是民间资本投资渠道并不完善，因此需要金融上的创新，将中小企业和民间资本联系起来，而互联网的兴起，尤其是互联网金融的出现，让人们看到了曙光。理财平民化的进程由此开启。众筹就是互联网金融的一项创新，股权众筹更是其重要模式之一，股权众筹的优势如表 5-3 所示。

表 5-3　股权众筹的优势

股权众筹优势	具体描述
市场前景更广阔，投资群体扩大	随着创业热潮兴起，股权众筹必然迎来更广阔的市场，能将闲余资金聚拢起来、流通，产生价值
成功率高且成本较低	只要项目具有创意性或者很有前景，那么很容易获得投资人的认可。且发起人无需承担偿还压力，不需利息和返还现金，只是出让一部分股权，因而成本低，不过要注意不可过多稀释股权
风险低	项目发起人几乎不承担风险，没有偿还资金风险，只是融资后要合理利用，对投资人有交代
利益共享，营销性质	投资人和项目发起人因股权众筹而成为利益共同体，休戚与共，利益共享，投资人也会利用自身的资源、能力等来帮助项目获得成功；另外股权众筹还具有营销性质，让项目有曝光机会，提升项目的知名度，相当于免费的品牌推广

续表

股权众筹优势	具体描述
融资速度快	双方达成合作协议，项目方就可以快速获得资金，相比传统的银行贷款，效率要高很多
创始人掌握公司业务	股权融资后资金会汇聚起来，创业者可以将其作为同一个投资人的资金使用，不会产生使用不同来源的资金获取收益，而导致利息分配等问题，对于公司稳定很有利

不过创业者也要看到股权众筹的风险，主要是指法律风险。况且目前股权众筹并不成熟，但只要谨慎防范，加强监管，股权众筹会是创业者重要的资金来源渠道。创业者也要学习李群林的创新精神，创造性解决企业所面临的资金难题。如李群林就是创造性地创建股权众筹网站，给自己的项目进行融资，这种创新精神是可贵的，尤其在风雨不定的创业道路上，创新精神是创业者从竞争中脱颖而出的法宝。

5.5 融资的步步为营让姚劲波拥有如今的58同城

初到一个陌生的城市，许多人会习惯性打开58同城，无论是租房、交友、找工作，还是买二手用品，领养宠物或者是团购等生活问题都可以通过58同城来完成。58同城，不知不觉已成为都市百姓生活不可缺少的帮手。姚劲波是58同城的创始人，多年来，正是在他的带领下，58同城披荆斩棘地开创了新天地，将原先只是“把小广告放在互联网上”的分类信息网站做大做强，并于2013年11月1日在纽约证券交易所成功上市，俨然“信息分类帝国”。姚劲波的身价也因此大涨。

由IT发展史可以看出，计算机专业的学生无疑是幸运的，很多学生赶上了互联网第一波浪潮，姚劲波就是其中一位。早在2000年，姚劲波就嗅到了互联网的潜力，于是他辞去了中国银行山东分行技术部门的工作，放弃了高薪和较好的福利待遇，创办了一家提供域名交易的网站易域网，短短一年时间，这家网站就成为国内最大的域名交易网站。年底，他将网站卖给了中国万网，获得创业第一桶金。

尝到创业甜头的姚劲波，相信互联网还隐藏着多个巨大金矿。在2001年，姚劲波和朋友又创办了三家网站，学大教育就是其中之一，后来学大教育成功上市，姚劲波占有该公司10%的股份，姚劲波再次尝到创业的甜头。

不过姚劲波更喜欢的还是信息技术，而不是在教育领域扎根发展，于是内心不肯安稳的他在2005年再次创业，建立58同城网。这是家提供生活信息的服务网站，主要是向都市人提供租房、找工作等信息，在美国已有同类网站获得了成功，即Craigslist，而国内人口众多，市场更大，姚劲波看好分类信息网站的前景。

姚劲波信心满满，光是购买www.58.com域名就花费了近百万。姚劲波认为分类信息网站所服务的对象是普通百姓，因此取名上要注意简短易记，最好让人看一眼就能牢记不忘，因此数字是首选。而58的谐音是“我发布”“我发现”，与58同城提供的服务很相符，因此他不惜代价也要拿下这个域名。

起初姚劲波认为国内市场如此庞大，用户量的增加和盈利并不难，但没想到的是，58网站发展速度非常慢，而且广告主不愿意将广告投放在信息类网站上。不过姚劲波是幸运的，软银赛富看到有关58的新闻报道后，很感兴趣，于是联系姚劲波，双方达成协议，58同城拿到第一笔融资500万美元。这一次融资顺利得让人惊讶。不过在姚劲波看来，这次融资在他的预料之中，毕竟有美国Craigslist成功在前，而国内市场比美国市场要大很多，因此投资人看好58同城网的前途。

在2008年6月，软银赛富追加投资4000万美元。

有了资金，姚劲波开始尝试Craigslist模式如何在国内生存下去，不过这一番尝试的结果并不理想，4000 万元人民币的投资所剩无几。

姚劲波开始走上了第二轮融资之旅。经过艰辛的谈判，在 2010 年 4 月，58 同城获得了软银赛富和 DCM 的 1500 万美元的投资。

有了前两次的融资经验，第三次融资只用了两周时间，且资金额度达到惊人的 6000 万美元，其中姚劲波个人跟投 500 万美元，这得益于美国创投对 58 同城前景的看好。融资数额如此之大，因此外界普遍觉得 58 同城就快上市了，不过对于上市姚劲波有自己的打算。

他认为融资越多，手中的资金越多，其实反而让 58 同城上市时间推迟了。因为 58 手中有大量的闲散资金，还有很大的提升空间，待 58 同城更为完善后再上市，获利会更多。于是，姚劲波大手笔去改善产品服务和体验。虽然有人怀疑融资数额如此大，姚劲波必然在股权上牺牲不小。也有人质疑，姚劲波将持有学大教育的股份变现跟投 58 同城，是为了掌握更多的股份。对于质疑，姚劲波当下表示，管理团队依然对企业拥有控股权。

2011 年 10 月，58 同城第四次融资募得资金 5500 万美元，此次融资距离上次不到一年的时间，因此引起了很大的争议，很多人认为这是 58 同城在为上市做准备，然而姚劲波表示 58 同城目前仍未有上市打算。

58 同城的整体融资过程如图 5-2 所示。

关于这次融资，姚劲波有自己的打算。那就是 58 同城又迎来一个转折点，即互联网时代已由 PC 端转移到移动端。58 同城必须在移动领域跟上，否则必然会被对手赶上。

2012 年年初，姚劲波开始加大在移动端的投入，希望移动端业务能获

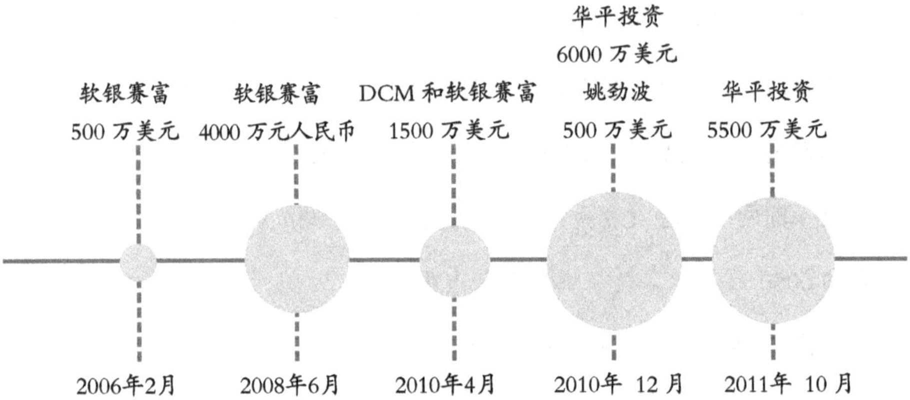

图 5–2　58 同城的融资过程

得高速增长，但难度很大，毕竟在以往 58 同城多依赖于 PC 端，调整后，移动端业务则作为根基。在雄厚资金的支持下，58 移动端发展迅速，客户量骤增，如今移动端使用率逐步稳定上升。

2013 年 11 月 1 日，58 同城登入美国纽约证券交易所成功上市，融资 1.87 亿美元。2015 年 4 月 17 日，58 同城通过现金加股票的方式获得赶集网 43.2% 的股份。十年来，赶集网是 58 同城最大的对手。自此以后，在信息类领域，58 同城可以说是一家独大。姚劲波的“分类信息帝国”初具雏形。

虽然多次进行融资，但姚劲波仍然是 58 同城最大的股东（见图 5–3），这是他的融资技巧和他的聪明之处。为什么姚劲波不惜出售手中的学大教育股份转而投入 58 同城呢？就是为了保持自己最大股东的地位，将企业的控股权牢牢握在手里。正是他的步步为营的融资策略，才有了如今 58 同城的辉煌。

关于融资，姚劲波曾提到：几乎所有创业者都会将融资当做是必备条件，融资成为必选项目，但是在什么情况下融资呢？融资数额是多少？企业应该在市场最好的时候去融资，而不是在最缺钱的时候去融资；第二个就是步步为营，早在2011年下半年，58同城就具备了上市条件，58同城为何会推迟上市时间？这是一个策略。步步为营进行融资，对企业是很有利，企业的发展是阶梯性的，是逐层上升的，过早融资则使企业估值低，对企业而言是弊大于利。而步步为营，则无须担忧这点，随着企业发展，企业的估值也会提升，也有利于保持对企业的控股权。

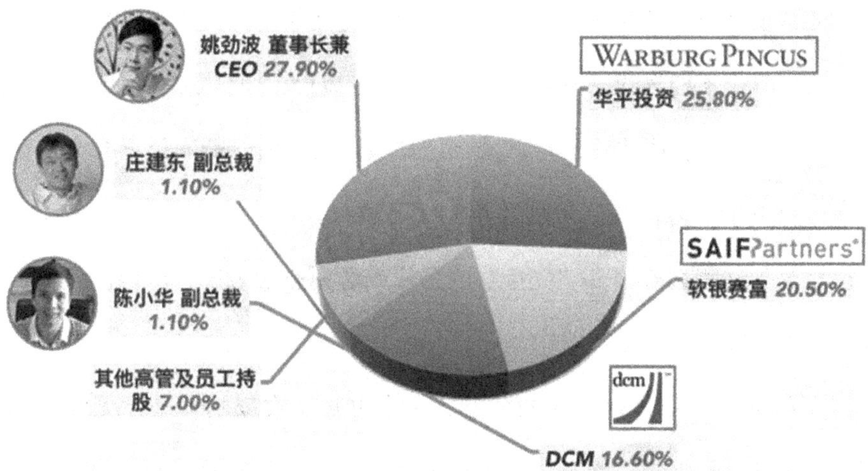

以域名起家的姚劲波完成了由创业小伙到亿万富翁的华丽转身，其事迹激励着无数创业者。跟姚劲波学融资，应掌握其融资的要点，即步步为营和在市场最好的时候去融资。这也是58同城之所以受资本“偏爱”的原因，姚劲波曾戏言：“58同城从来没有找过投资，都是投资来找58同城。”

创业者要有长远的眼光，从全局出发，而不要着眼于眼前的小利。要懂得在市场最好的时候融资，此时融资事半功倍，成功率高。同时要懂得步步为营，合理判断融资时机，不要为了融资而融资，不过创业者也不要忘了：不管融资多少次，都要牢牢掌握对企业的控股权。

5.6 一次演讲就能融资百万的卖菜小妹

创业史上从来不缺乏奇迹。昔日，刘备身无长物，文不能胜曹操，武不如袁绍，胆识不如孙权，然而却能在乱世中“创业”成功，建立蜀国，成为一方霸主。今日，阿里巴巴登入美国纽约股票交易所，瞬间暴增数十位亿万富豪、上百个千万富豪。短短数年间，滴滴打车估值就高达 87 亿美元……不过相对于这些具有很多“优势”的企业或者创业者来说，草根创业者更值得关注和钦佩。

王丹玲，一个普普通通的名字，一个出身于农家的女子，无资本和资源上的优势，硬是靠一次演讲，成功融资百万。她成为一个著名的企业家，完成由“麻雀”到“凤凰”华丽转身。她与财富赛跑，从三车大白菜开始，实现了自己的创业梦想，她的故事激励着无数创业者：事在人为，坚持必有收获。

苏北紧靠苏南富庶之地。王丹玲从小在苏北农村长大，家里经济状况不好，贫困异常，即使在亲戚的帮助下，王丹玲也只读到高二便辍学了。辍学后，王丹玲跟村里年轻人一样外出打工。来到上海后，王丹玲才明白：原来生活可以如此丰富多彩，炫灿耀眼。上海是繁华的，但也是冷漠的，繁华不属于她。她在上海一家皮鞋厂做工，每日工作十几个小时，工资却只有几百元。

不久，皮鞋厂倒闭，王丹玲回到家照顾父母。她开始尝试种菜，尤其是白菜。在她看来，白菜是经济作物，可以拿去售卖换钱。亲戚告诉王丹玲，在南京，白菜价格比农村要高很多，王丹玲就萌发了去南京卖白菜的念头。不过等她雇了三辆车拉白菜到南京批发市场时才发现，市场门前处处是装白菜的客车，种植白菜的人太多了，难以销售出去。

王丹玲很是难过，而且白菜保质期短，寒流一来就会冻坏，不过王丹玲很快想出了办法。第二天，王丹玲将写着“爱心大白菜，免费赠送”的牌子放在车前。三车白菜免费赠送，一下子吸引了人们的关注，就连媒体都前来采访。前来领白菜的人很多，但大多都付钱。不过短短的三天，三车白菜全都销售一空。这么一折腾，三车白菜竟然获利万元。

王丹玲留在南京，每天走街逛巷。这天，她路过板仓街时，见路两旁鳞次栉比的汽车装潢店，每家店客户都很多。王丹玲有些奇怪，这里位置有些偏僻，何以会有这么大客流量呢？她走进一家汽车装潢店观察，看能否瞧出端倪。

店主是位中年人，看起来很好说话。王丹玲询问有关店铺问题，问到店内盈利的情况。店主对盈利很不满意，说也就一两百万。王丹玲一下动心了，小小店面一年能赚百万，她简直不敢相信。

街道上车流如水，出租车、私家车来来回回，扬起的灰尘落在车上，灰沉沉的，王丹玲心想：它们也需要常美容、勤洗脸吧！汽车需要“洗脸”，一瞬间，“亮脸”这个词出现在她脑海中，她决定公司名字就叫“亮脸”。

创业想法有了，但是资金哪里找呢？她只有不到万元钱。想来想去，唯有融资，可是没有良好的人际关系，又不认识天使投资人，怎么办？想了半天，她想出了一个办法。不久后，南京具有影响力的媒体上出现了一则小广告，题目很唬人，免费讲座，为投资人找到好项目。演讲主题为《商业奇谋：千万富翁从天而降》。

为了这次演讲，王丹玲准备很久，演讲稿也多次易稿，她在自己住的小屋里反复演说，对着镜子练习表情，使之看起来更诚恳。

演讲地址是租的一家学校的礼堂。演讲那天，礼堂密密麻麻都是人，很多人为了听演讲只得站在门口、窗外。王丹玲心情激动，广告的效果超乎她的想象。演讲过程中，她极富激情，讲得声情并茂，并不时为掌声所打断。

王丹玲将自己的名片发给听讲者。讲演结束后，她怀着忐忑不安的心情等待着，第二天就有投资人给她打电话。经过多次面谈、筛选，王丹玲找到了合适的投资者。几个月后，王丹玲的“亮脸”公司正式营业。公司业绩蒸蒸向上，王丹玲由一位农家女子转身成为拥有自己企业的企业家，可谓是“鲤鱼跃龙门”。

古希腊有位名叫德摩斯第尼的演讲大师，他有条名言：“雄辩的口才，比精准的子弹更有利；即使是神枪手，也比不过口若悬河的辩才。”春秋战国时期，一个个小人物正是凭借着卓越的演讲能力脱颖而出，如张仪、苏秦、商鞅等，这些人无疑不成就了自己的事业，他们的故事流传至今，经久不衰。王丹玲初次创业成功就得益于其演讲能力。不止如此，她还凭着演讲能力将企业做大做强。

市场需求如此庞大，王丹玲觉得企业有扩张必要，但是投资人却不肯增加投资。此时，王丹玲听说有家韩国公司前来南京考察，考察负责人是杨经理，她决定前往游说，融得资金。杨经理听完王丹玲的演说，虽有些动心，但融资这事他做不了主。临走时，王丹玲执意要为杨经理擦次皮鞋。杨经理很是惊讶，像王丹玲这样的成功女企业家怎会弯腰为别人擦鞋呢？

王丹玲说："对合作伙伴，我都会为他擦一次鞋子。生意不成情意在，既然是朋友，为朋友擦次鞋，就当是表示诚意和见面礼了，有什么难为情的？"杨经理很是感动，回去后，积极游说公司总部老总前来考察。

这次，王丹玲又发挥了超强的演讲能力，详细讲述了自己的计划书，讲述以南京为中心的四周城市的市场前景。双方合作后，"亮脸"公司将扩大规模，快速抢占市场。老总十分认可王丹玲的计划。

不久后，韩国总部通过了王丹玲的融资方案，对方决定投资1500万元。"亮脸"公司得到充足资金，积极扩张规模，以南京为中心，呈遍地开花之势，公司由此迈入快速发展时期。王丹玲成为远近闻名的女企业家。

通过王丹玲的融资经验，可以看出，其融资成功得益于她超强的演说能力。事实上，很多企业家都非常善于演讲，如阿里巴巴的马云、小米公司的雷军等，他们有理有据，口若悬河，如果是他们带着项目找融资，那么他们的演说能力能大幅提高融资的成功率。

演讲内容是至关重要的，若不能为投资人带来收益，再好的口才也无法融资成功。那么创业者应准备哪些演讲内容呢？

梗概——简单的讲述公司所处的状况，尽量用简短的话来概括。如A公司，打车软件，解决用户打车难的问题，目前团队有6人，需融资100万元，用于扩展新市场。

公司的优势——即能解决什么问题，展示核心能力，表明消费者为何会需要这款产品。

案例——列举证据，展示客户使用评价等，也可以在现场给消费者打电话询问。

市场总量——市场是已经存在的，还是需要开拓的；市场总量是否够大，将来增长空间怎样；如果是已知市场，可以采用佐证来证明，如 Airbnb 就使用酒店业的数据来说明。

商业模式——收入模式、定价策略、如何发展客户等，销售计划和营销计划，如何增加客户，以及每争取一个客户的成本是多少，这点要详细说明。

团队优势——介绍团队成员的背景以及如何实现能力互补，这样的团队为何能在竞争中获胜，要表现出团队的执行力、协作精神、互补能力、热情。

融资部分——即融资原因、融资数额、融资用途、还款计划等，谈一下公司在未来一段时间的发展情况，如盈利情况。

演讲稿最基本的内容就是以上这些，创业者可以介绍其他优势，但不可在某一方面过于啰唆，要简单、直白、有力。

创业者一定要重视融资演讲稿，应重点注意表 5–4 中列出的几点。

表 5–4　融资演讲稿的注意事项

融资演讲稿的注意事项	内容明细
现场演示文档要精美	虽说投资人关心的是收益，但精美的演示文档无疑会让投资人心情大好，愿意听讲。如果文档都一团糟，那么投资人就要怀疑创业者是否用心

续表

融资演讲稿的注意事项	内容明细
排列有序，突出要点	不要将过多的内容放在一张幻灯片里，文字不要太多，要突出要点，突出优势，让投资人一目了然
不要只讲产品，多讲人	在投资领域有句话："投的不是产品，而是人。"多介绍自身优势，团队优势
重视获取客户的途径	讲述如何吸引、转化客户，如何销售、营销，如何实现盈利等
表现市场潜力和公司潜力	讲述市场很有潜力，以及这个领域为何会产生大公司，另外，展现公司是很有潜力的

以上是最基础的融资演讲内容，基本上涵盖了投资人所想知道的信息，但这只是普遍适用内容，创业者应根据实际情况酌情添加相关内容。

18 世纪，法国著名的军事家拿破仑说："一条舌头，能抵三千毛瑟枪。"拿破仑凭着超强的军事才能及演讲才能，从一个小人物一步步成为影响世界格局的大人物，由此可见演讲的影响力。"一言可兴邦，一言可误国"，一篇好的演讲稿无疑是发挥演讲影响力的根基。如果缺少好的演讲稿，内容枯燥乏味，恶意连篇，那么即使再好的演说家也无法发挥演讲的影响力。

"一人之辩，重于九鼎之宝，三寸之舌，强于百万之师。"如今社会已步入信息时代，演讲已成为培养人际的重要方式。在创业者与投资人接触的过程中，表面上是推销项目，而实质上是在推销"人"，而人的魅力除了温良的举止、和煦的笑容，还在于演讲能力。一个善于演讲的创业者必然比手足无措、言语乏味的创业者更易吸引投资人的关注。创业者可谓每时每刻都在向员工、投资人、客户等推销自己。如果具备高超的演讲能力，则有利于创业者成功推销自己。

附录I

以下是一份企业或者项目的融资计划书的样本。

美林公司融资计划书

2014年8月

企业名称及简单介绍（略）

企业联系方式：（包括具体地址、企业网站、电话、传真、电子邮箱联系方式，并附上联系人及其职务）

计划书目录

第一部分　摘要

（整个融资计划的概括，内容大概两到三页左右，具体篇幅视企业或者项目规模大小而定）

一、公司的宗旨和目标（市场目标和财务目标）

二、公司目前组成模式

三、为创业已投入的资金及用途

四、对企业当前开展的业务、或者产品、服务进行介绍

五、当前的市场行情以及企业的发展策略

六、介绍企业主要业务部门及业绩

七、对企业的核心运作团队进行介绍

八、阐述企业的市场优势

九、企业为实现规划目标的融资需求：原因、数量、方式、用途、回报方案

十、融资方案（包含投资人的投资方式及退出方案）

第二部分　正文

第三部分　附录

一、附件

1. 营业执照影本

2. 创业者或者创业团队的简介

3. 文中涉及的专业术语的解释说明

4. 专利证书 / 生产许可证 / 鉴定证书等（如有）

5. 注册商标（如有）

6. 与企业形象有关的宣传资料、媒体报道（如有）

二、附表

1. 主要产品目录

2. 主要客户名单（如有）

3. 主要供货商及经销商名单（如有）

4. 主要设备清单（如有）

5. 市场调查表

6. 预估分析表

7. 各种财务报表及财务预估表。（如有）

附录 II

· 开头的时候先说自己的名字、头衔和企业名称（让投资人在开始演示之前熟悉你的声音，而且这样做也有礼貌）。

· 快速吸引注意力：在第一分钟里抓住听众的情感注意力。

· 说出你的理想，而不仅仅是你过去拥有的和现在拥有的。

· 讲故事：慢慢地将听众带上一段情绪高涨的旅途。

· 参考一些人们都知道的事情，不要让听众思考或提问。

· 用真实的验证来证明自己的观点。

· 正确的机会：清楚地传递了大市场＋大问题＋正确的解决方案。

· 正确的团队：高质量、团结、可信、激情、有经验、有知识、有技能、领导精神、信任、承诺、远见、现实、可训练、实干。

· 一个笑话：最起码让听众笑一次，不要连着搞笑。

· 低于 10 分钟的演示，一般一个人演示即可。

· 不要读幻灯片或者盯着投影屏幕！要看着听众，进行互动。

· 讲得不要太快，讲得慢点才能让听众听得更仔细。

· 不要使用行业术语或缩写，或者说一个听众不知道的公司作参照物。

· 不要播放视频，可以快速演示产品或者放截屏（图片更靠谱一些）。